吉首大学"十二五"规划精品教材

国家旅游局旅游业青年专家培养计划资助

旅游消费经济学

粟娟　主编

西南交通大学出版社

·成都·

图书在版编目（CIP）数据

旅游消费经济学 / 粟娟主编. —成都：西南交通大学出版社，2014.9
ISBN 978-7-5643-3372-0

Ⅰ. ①旅… Ⅱ. ①粟… Ⅲ. ①旅游消费－消费经济学－教材 Ⅳ. ①F590.8

中国版本图书馆 CIP 数据核字（2014）第 204997 号

旅游消费经济学

粟娟　主编

责任编辑	孟秀芝
封面设计	米迦设计工作室
出版发行	西南交通大学出版社 （四川省成都市金牛区交大路 146 号）
发行部电话	028-87600564　028-87600533
邮政编码	610031
网　　址	http: //www.xnjdcbs.com
印　　刷	四川川印印刷有限公司
成品尺寸	170 mm × 240 mm
印　　张	14
字　　数	229 千字
版　　次	2014 年 9 月第 1 版
印　　次	2014 年 9 月第 1 次
书　　号	ISBN 978-7-5643-3372-0
定　　价	28.60 元

课件咨询电话：028-87600533
图书如有印装质量问题　本社负责退换

前　言

改革开放以来，我国旅游业实现了超常规跨越式发展。旅游活动已经成为一种影响深远、关联广泛的经济现象、社会现象、文化现象和重要的国民生活形态；旅游需求日渐成为国民的一种普遍需求，旅游供给已经发展成为一项综合性的庞大产业体系，旅游消费已经成为国民消费的重要组成部分。因此，大力发展旅游业，不断满足国民日益增长的旅游需求，努力提高旅游供给的数量与质量，全面促进国民旅游消费，已经成为我国经济社会发展的重要目标之一。同时，旅游消费成为我国乃至世界经济的新增长点，是当前社会经济最热门的研究课题之一，旅游消费经济活动的研究日益重要。本书结合旅游经济学、旅游消费学、旅游消费行为等学科的理论知识，全面、系统、简明地介绍旅游消费方式、旅游消费行为及心理、旅游消费结构、旅游消费水平、旅游消费权益保护、旅游消费教育及引导等旅游消费经济方面的知识，力求通俗易懂，深入浅出。该书最主要的特征表现在三方面。

第一，系统性。本书基于消费经济学、制度经济学、产业组织以及消费行为等学科视角，对旅游消费需求、消费水平、消费结构、消费预期、消费环境和消费权益保障等各方面进行了系统整理和归纳，全面反映了当前我国旅游消费经济问题。

第二，致用性。本书突破原有的规范研究方法，注重消费经济、行为心理学、旅游经济学等学科的研究方法交叉，一方面增加消费经济行为分析的变量，增加消费心理行为等分析；另一方面采用观察、调查和案例研究来进行例证。

第三，新颖性。本书除了讲述旅游消费经济学内容外，结合当前旅游消费经济发展状况，对旅游消费结构进行测评，对旅游消费权益保障、消费教育、消费方式等引入案例，进行有针对性的分析，数据较新，视野比较开阔。

本书由粟娟设计框架并组织编写，具体各章节执笔人为：第一章，王宁；第二章、第四章，粟娟；第三章，王茂溪；第五章、第六章，翁思洁；第七章，朱金林；第八章，王凤玲。全书由粟娟担任主编并负责统稿、审定和修改。

本书在编写过程中，得到许多朋友的大力支持和热情帮助，在此特别向吉首大学冷志明教授、李爱华教授和旅游与管理工程学院尹华光教授、田金霞教授表示衷心的感谢！

本书适合用作高等院校旅游管理本科专业相关课程教材，也可作为本科院校的通识课教材，还可作为从事旅游管理工作的管理者了解旅游消费经济学知识的参考用书。尽管本书作者竭尽全力认真编写，但是由于学识及时间有限，难免存在不足之处，敬请各位读者谅解，并恳请专家、读者予以批评指正。

编者

2014 年 5 月

目　录

第一章　旅游消费经济学概论

【本章概要】

本章着重阐述了旅游消费经济活动的产生、发展过程及其不同阶段的主要特点，学科性质与研究对象，研究方法和研究的必要性。

【学习目标】

●了解旅游消费的来源，掌握旅游消费的定义、内涵与功能。

●了解中外旅游消费的产生及发展过程，掌握中国旅游发展的特点及主要形式。

●了解旅游消费经济学的学科性质；掌握旅游消费经济学的研究对象。

●掌握旅游消费经济学的研究方法。

●了解研究旅游消费经济学的必要性。

【关键性术语】

消费；旅游；消费水平；消费结构；消费方式；旅游消费；经济活动；交叉性行为；旅游产品；交叉学科；研究对象；研究方法；需求导向型旅游经济；定性分析；定量分析

随着旅游业的蓬勃发展以及人类对旅游业可持续发展的需要，许多与旅游相关的学科相继出现，宾馆饭店管理学、旅游市场学、旅游心理学、旅游地理学、旅游景观学等等。从旅游消费在社会再生产总过程中的独立地位和重要作用来看，旅游消费经济学应该成为一门独立的学科。特别是在市场经济条件下，人们的旅游消费内容更加丰富多彩，旅游消费关系更加错综复杂，因此更需要系统、深入地研究该独立学科，处理好人们在消费过程中各方面的关系，揭示其发展趋势和内在规律。同时旅游消费经济学也是适应我国旅游业发展的需要而兴起的一门新兴学科。

第一节　经济学对旅游消费问题认识的历史演变过程

一、旅游消费的历史发展

消费是社会再生产总过程中的一个重要环节。我们研究消费经济的时候，只有把它置于社会再生产总过程之中，置于社会经济运行轨道之中进行考察，才能看出：它一方面受生产、流通、分配各个方面的影响，另一方面又反过来影响生产、流通、分配。在社会再生产总过程的运行中，消费既是再生产过程的终点，也是下一个再生产过程的起点，居于承前启后的关键地位，起着经济循环的先导作用。衡量一个国家经济是否为良性循环，最终要看其是否合理解决了人们的消费问题，要看消费与社会再生产其他环节是否能够协调发展、相互促进。在这里，我们可以看出消费在社会经济运行中的地位和作用。

有关消费经济的论述最早开始于西方。资产阶级经济学者在对社会生产过程考察时，对生产与消费的矛盾，个人消费与社会消费的作用，消费行为与消费者主权，消费结构、消费水平和发展趋势，消费政策等问题，都曾提出过各自的见解和论述。但消费经济学作为一门新兴的独立学科，出现在第二次世界大战以后，当时许多资本主义国家的经济得到了迅速的恢复和增长，生产技术和市场销售方式都出现了较大的变化。产品和服务供给数量的增加，给企业家和经济学家提出了一个迫切需要解决的问题，即怎样才能使生产更适应市场需求，以减少商品滞销增加企业盈利。同时，在政府面前也提出了这样的问题，即怎样避免 20 世纪 30 年代大危机的重演，怎样按照 J. M. 凯恩斯的主张调节和稳定资本主义国民经济。在这种形势下，他们为了加强对消费和投资变动前景的预测与研究，资产阶级消费经济学开始作为一门独立学科发展起来。

资产阶级消费经济学提出了一些符合社会经济发展实际的理论论述，为西方各国政府制定有关政策提供了依据和对策。但是在论述中也有不少为资本主义制度辩护的非科学的内容。就其符合社会经济发展实际的部分来说，由于未能科学地剖析资本主义社会关系和生产过程的特性，没有揭示资本主义生产与消费矛盾的对抗性质，因而也存在着严重的局限性和缺陷。

社会主义消费经济学在中国作为一门独立的学科，基本形成于20世纪80年代初期。马克思主义的经典作家，曾在诸多著作中对消费问题做了充分的论述，但限于时代特点和历史条件，消费经济问题没有形成一个专门学科。1978年改革开放以来，随着中国社会主义建设进程的加快，发展社会主义商品生产和交换、促进国民经济的良性循环，以满足人民日益增长的物质和文化需要，已经成为社会主义建设战略上的实质性问题，市场机制和信息反馈对调整产业结构和产品结构具有日益重要的作用。探讨社会主义消费的地位、作用及其运动规律，结合中国的特点分析与借鉴国外研究消费经济问题的论述与方法，已成为国家制定科学的经济社会发展战略和实行经济体制改革的迫切需要。因此在进入20世纪80年代后，中国学术理论界开展了消费经济问题的研究，一批有关专著和教材陆续成书问世。但这门学科还处在初创时期，它的理论范畴和体系还有待进一步完善。

有的学者认为，旅游消费的产生是伴随近代工业化革命时期旅游业逐渐成为一种产业而带来的消费。笔者认为，旅游消费自古以来就有，在中国已有几千年的历史。

与世纪历史联系，可以把世界旅游的发展分为古代的世界旅游、近代的世界旅游和现代的世界旅游。

古代的世界旅游，首先是在最早进入文明时代的中国、埃及、巴比伦、印度和古代的希腊、罗马发展起来的。古代奴隶制经济、政治和文化的发展，为古代旅行奠定了基础，并在古希腊、罗马时代达到了鼎盛。例如，亚里士多德建旅游学校，古埃及的宗教旅行，罗马帝国的古代旅行，阿拉伯帝国时期出现的求学旅行，意大利旅行家马可波罗经商来中国，著名意大利航海家哥伦布横渡大西洋开辟了欧洲到美洲的新航线，麦哲伦绕地球一周证明地圆说，英国人首次游览阿尔卑斯山的自然风光，达尔文物种起源的文地考察等等，都带有旅游的性质，都是古代旅游活动的典型例证。这个时期的旅游是产生于奴隶制经济或封建经济制度之上的，在相对封闭、生产力相对落后的条件下，其旅游目的绝大部分没有明确突显，交通及配套设施部不发达，旅游消费供给带有很大的自助性，旅游消费行为还未独立地成为一种社会消费行为。

近代的世界旅游，随着生产力的发展显著加快，日益丰富多彩，19 世纪中叶，资本主义迅速发展，产业革命加速了城市化的进程，人们工作和生活的重心从农村转移到城市。工人阶级要求带薪休假的斗争经历了一个多世纪最终获得胜利。科学技术的进步，特别是蒸汽技术在交通运输中的应用，使近代旅游业迅速发展起来。19 世纪下半叶，英国成立了登山俱乐部、帐篷俱乐部。法国、德国、美国、比利时等开始成立旅游公司，开展旅游业务。这一时期的旅游消费明显地具有以下特征：一是资本主义工业革命所带来的生产率的提高、财富的增加扩大了旅行和旅游的人数，少数正在成长着的中产阶级及其上层人物，有条件做短程旅游或出国旅游；二是近代交通工具发明之后，铁路成了主要的旅游交通工具。轮船的大型化和高速化，极大地便利了海上旅行；三是旅游业开始成为一项经济门类，以托马斯·库克首开的旅行代理业，使旅行和旅游这项古老的社会活动开始变成一项经济活动；四是旅游景点和旅游设施得到了迅速发展，如娱乐设备、综合接待企业、风景区、海滨浴场等变成了常年开放的旅游点；五是人们的旅游消费观念、对旅游目的地的追求明显带有新兴资本主义制度色彩。近代旅游活动是建立在资本的快速发展和产业革命取得巨大进步的基础上，已有很大发展，但还未发展为大规模的经济行业。

现代的世界旅游，指第二次世界大战以后的世界旅游业。第二次世界大战后，世界经济得到迅速恢复和发展。随着人民生活水平的普遍提高，旅游作为群体性活动普遍开展起来，并形成了完整独立的旅游经济体系，成为国民经济中重要的组成部分。随着旅游业的发展，旅游业在回笼货币、增加外汇收入、促进产业结构合理化和扩大就业等方面的作用越来越大。世界各国都致力于发展旅游业，旅游设施日益完善，接待水平不断提高，持续发展势头依旧保持，成为一枝独秀的新兴产业部门。1959 年以前为起步阶段，其特征是高速低效。旅游人数和旅游收入年平均增长率分别为 10. 6% 和 12. 6% ，但旅游业劳动生产率较低，游客人均消费水平平均只有 99 美元。除欧美等国家在出境旅游方面人数较多外，在世界范围内旅游仍为少数人的近距离活动。1959 年至 1969 年为增长阶段，其特征是中速中效。旅游人数和旅游收入年平均增长率分别为 8. 7% 和 10. 1% ，而游客人均消费水平增长到 112 美元，具有承上启下、数量型发展的特征。

中国旅游历史很长，按世界上的旅游发展历史分期，中国旅游也可以划分为古代旅游、近代旅游与现代旅游。旅游消费同样伴随其中。

古代旅游，早在先秦古籍中就有关丁华夏先民在遥远古代的旅游传说，而有文字记载的旅游活动也可以追溯到公元前2250年以前，“三皇五帝”和夏、商、周时期主要是帝王巡游、政治旅行创商旅活动；春秋战国时期出现外交、贸易、讲学旅行；秦汉时期皇帝出巡、外交出使、远程通商、学者游历活动频繁；隋唐时期大运河的开凿，使国内外旅行和旅游活动逐渐兴起；指南针的发明并应用于航海，以及到清代闭关锁国的格局被打破，西方文化的侵入，使中国人的旅游观念逐渐发生深刻的变化，旅游的空间等也得到了进一步的拓展。

现代中国的旅游，指中华人民共和国成立以来的旅游历史。①新中国成立初的七年为初创时期。这个时期的旅游业首先经营的是华侨和国际旅游业务，先后成立华侨旅行服务总社、中国国际旅行社，组织华侨、我国港澳同胞自费回国或回内地观光、旅游、探亲；承办除政府代表团以外的所有团体单位委托的对外宾食、住、行、游的生活招待，并办理守园铁道部与苏联政府签订的国际铁路旅客联运业务。中国国际旅行社与当时11个社会主义国家的旅行社有业务往来，另外还与西方国家113个旅游机构建立了联系。②1956年到“文化大革命”前为开拓时期。前期主要接待苏联及东欧来华的自费旅游者。1964年后，随着我国外交的开展，接待国际其他旅游者有所扩大。同年，国务院明确规定了发展中同旅游事业的方针，成立了中国旅游事业管理局，负责对外自费旅行者的旅游管理工作；领导各有关地区的国际旅行社和直属的服务机构的业务，组织中国公民出国旅行以及有关旅游的对外联络工作和宣传工作等，这一阶段中国旅游业具有如下特点：以中国旅行游览事业管理局的成立为标志，中国旅游事业已开始进入一个新的时期；与西方世界的旅游机构发生了联系，中国国际旅游市场开始出现重大转移，客源市场开始增客；旅游者的组成也发生了较大变化，多是民间团体组成的旅行团，零散客增多，阶层较为广泛；来华旅游者的数量与经济收益均有了较大增加。

总之，从世界旅游的历史和中国旅游的历史看，旅游消费始终伴随着旅游活动而进行。随着经济的发展、社会的进步，旅游活动内容、范围、形式、规模不断发展，旅游消费也不断发生变化。旅游消费产量的基础是经济和社会发展，内在的动因在于人们的生理需要、文化需要、精神需要，以及享受发展的需要。

二、旅游消费经济活动的产生和发展

（一）旅游消费经济活动的产生

旅游消费经济的研究是随着旅游消费经济活动的发展而发展的。18世纪60年代以前，由于社会消费经济技术发展水平的限制，旅游活动不仅被限制在一个比较小的社会范围，而且这种旅游活动的满足程度较低，外出活动的旅游者一般都伴随着政治消费的经济目的、与其所到之处的关系（主要还是商品交换关系）。科学技术、交通工具的进步，社会分工和交易的深入发展，促进了旅游活动的发展。

旅游消费经济学是随着旅游经济活动的产生和发展而产生并不断发展的，是对旅游消费经济活动的理论概括和总结。随着社会经济的发展，在旅行活动发展到一定阶段时产生了旅游经济活动。旅游经济活动是旅游需求者和旅游供给者之间所发生的经济联系，以及由此产生的经济现象和经济关系的运动、变化和发展的总和。随着世界旅游经济的蓬勃发展，对旅游经济的研究也迅速发展和不断深入。

（二）旅游消费经济的迅速发展

旅游包括旅行与游览两部分内容：旅行是人们由一地至另一地的空间转移；游览则是人们借助旅行对他地的观赏。两者既有联系又存在差别。在历史上，旅行活动早于游览活动。在生产力极不发达的原始社会，人类迫于生活环境与生存的需要，常常由一地迁徙至另一地。直至近代，地球上一些游牧民族，因为没有固定的居住地区，随着季节的变化和牧草的生长情况，他们就年年迁徙，这种空间上的转移就是一种旅行活动。严格地说，它不能被称为旅行，而只是一种原始的生产活动。

随着社会经济的发展，人类从事探险、科学考察、宗教信仰与商业旅行的活动逐渐发展起来。虽然这些旅行活动包含某些游览的内容，但主要是从事各种不同目的的旅行。只有少数帝王和贵族，进行了以游览为目的的消遣旅游活动，因此，在这个时期，旅游活动不过是少数特权阶级享乐的代名词。在这种旅游活动中，虽然也包括了吃、住、行、游等方面，也支付了一定的货币，有经济活动的成分，但那只是极少数人的行为，并末形成社会的经济活动，并不具有普遍的社会意义，也没有人以谋取经济利益为目的来组织或经营这种活动。在这一历史时期，由于旅游需求与供给的水平很低，从事旅游经济活动的专门机构尚未出现，所以这时旅游经济活动还没真正出现。

19 世纪以后，随着旅游活动的大规模开展，旅游活动逐渐同社会经济活动结合了起来。1841 年，英国托马斯·库克包租了一列火车，第一次组织了 540 人到参加禁酒大会，当时每人包价 1 先令。尽管他没有赚到任何利润，但是他看到了组织这类活动的意义和潜力。1845 年，在他组织的从利物浦至苏格兰的旅游活动中，为使旅游者更为方便，他第一次印发了旅行证，作为旅游者住旅馆结账的凭证，并从中部县城铁路公司得到了 5% 的佣金，库克便成为历史上第一位职业性的旅游组织者。后来，他把旅游活动的组织进一步扩展到英国以外的地区，先后组织人到美洲、欧洲、亚洲、北非以至环球旅游。由于他组织的旅游活动很成功，人们从中受到了很大的启发。美国与欧洲一些国家先后成立了旅行社，专门从事旅游活动的组织和经营。这时，参加旅游活动的除皇室、贵族和大商人之外，也有一部分有时间和金钱的中产阶级。旅游活动开始具有了以谋取经济利益为目的的性质，它不再仅仅是一种社会的、文化的活动，同时也成为一种经济活动。

旅游业务经营的专业化使旅游经济活动发生了一次质的飞跃，是旅游经济逐步成熟的标志。旅游活动的迅速发展，使组织团体旅游和散客旅游的旅行社和类似的专业机构相应出现。人们一般认为，英国的托马斯·库克是世界上旅行代理处的创始人。他于 1841 年，同米德兰铁路公司签订的包租火车专列的合同，应该说是旅游经济活动诞生的标志。此后，库克又在 1845 年开设了包括食、住、行业务在内的旅行社。在当时，托马斯·库克父子的公司已经成为世界上最大一家专门经营旅游供给业务的资本主义企业，并在美洲、非洲、亚洲都设有分公司。之后，在法国、德国、美国等一些资本主义较发达的国家也相继出现了一些名称不同、内容相似的旅行社，旅游经济活动有了新的起点和发展。

19 世纪年代，世界上第一家专门经营旅游业务的托马斯·库克父子公司成立，标志着旅游产业的产生。此后旅游经济活动迅速发展，到 1992 年，旅游业的产值已经超越了钢铁、石油、汽车等传统产业，成为世界第一大产业。旅游业作为一个新兴的产业部门，在第二次世界大战后得到了迅速的发展，呈现出三个方面的主要特征。

（1）旅游消费经济的规模迅速扩大。

旅游经济包括国内旅游和国际旅游两部分，其衡量指标是旅游总收入或旅游总产值、旅游行业规模。在旅游业总收入方面，第二次世界大战后的新技术革命及其在生产中的运用，促使国际贸易大规模发展，商务旅游活动空前发展，居民可支配收入大幅度增加，各国纷纷制定了带薪度假制度，加上便捷、廉价的交通运输，促使旅游总产值的规模不断扩大。在旅游行业规模方面，旅游产业要满足游客在旅游过程中对行、游、住、食、购、娱等多方面的需要。另外，旅游业的发展还表现为旅游行业规模的不断扩大。

（2）旅游业增长率大大快于世界经济的增长率。

世界旅游迅速增长，2013 年我国国内旅游收入可达 2.54 万亿元，出境旅游人数约 9 730 万人次，入境过夜人数约 5 570 万人次，旅游外汇收入约 478 亿美元。2013 年中国旅游投资快速增长，据不完全统计，全年我国旅游直接投资达 5 144 亿元，增长 26.6%。其中，民间资本成为旅游投资的主力，约占 57%。休闲度假、文化旅游、乡村旅游、海洋旅游、在线旅游成为旅游投资的新亮点。旅游业发展速度快，发展潜力大，它才被人们称为可持续发展的“永远的朝阳产业”。

（3）旅游业提供了大量的就业机会。

旅游业与就业的关系十分密切，这从世界旅游日的主题口号上就可以看出。1997 年，世界旅游日的主题口号是“旅游业——21 世纪创造就业和倡导环境保护的先导产业”。世界旅游理事会早在 1993 年就提出：“全世界范围内，旅游作为一个整体已经成为世界上创造新增就业机会最多的行业。”世界旅游理事会的报告指出：“1999 年，全球旅游就业人数达 1.92 亿人，占全球就业人数的 8%。到 2010 年，全世界旅游就业人数将达到 2.54 亿人，将有 9% 的社会就业依赖于旅游业。我国 2010 年旅游业直接就业人数已经达到1150万人，预计2015年将达到31 525万人，每年新增旅游就业人数70万人。”旅游业属于劳动密集型产业，旅游业的发展意味着可以为社会提供更多的就业机会，同样的产业规模下，旅游业可以提供的就业机会远远超过其他行业。旅游行业提供的就业机会的增加，意味着人们收入的增加，意味着社会消费的增长和生产的发展。

三、现阶段我国国内旅游消费面临的主要问题

（一）国内旅游消费水平较低，占国民经济比重不高

我国国内旅游人数增长较快，目前其规模已成为世界之最，但与十几亿人口如此大的分母相对应的是人均旅游消费水平很低。2013年春节黄金周人均旅游花费约577元，同比增长0.2%；扣除民航和铁路客运花费后，人均旅游花费约535元，同比增长1.4%。与春节黄金周相比，全年人均旅游花费呈现全年增速快于春节黄金周的趋势。一般情况下，团队旅游按消费水平由低到高可以分三种：经济团、标准团和豪华团。目前，我国的团体旅游中，经济团占大多数。但是，经济团的消费比散客的消费高，散客又占据了国内旅游者的大多数。低消费水平的散客比重过高，使得我国居民平均旅游消费水平较低。

（二）国内旅游消费分布不均衡

我国居民的旅游消费水平虽然迅速增长，但分布极不均衡。这主要表现在城乡分布不均衡、地区分布不均衡和时间分布不均衡。

目前，我国国内旅游主要集中于城镇地区，农村有一定改善但开发不足。如表1.1所示，1994—2010年农村居民旅游总消费从175亿元增长到3176亿元，人均旅游消费从55元增长到306元，旅游总消费增长较快，人均消费增长相对迟缓。如果从城乡居民出游总人次来专察，农村居民的平均增长率为8%，低于城镇居民的11%。同时发现受1998年洪水灾害和金融危机的影响，农村居民与城镇居民的出游人次分别比上年增长16%、-3%；受2003年非典危机影响，相应的增长率分别为5%、-9%，

这在某种程度上说明了外部危机对城镇居民旅游的负面效应强于农村居民。虽然农村居民消费波动幅度较大，但发展农村居民旅游仍有利于缓解国内旅游发展的波动性和敏感性，能够促进旅游业的健康发展。

表 1.1 城乡居民平均旅游消费倾向

年份	城镇居民		农村居民	
	人均可支配收入（元）	平均旅游消费倾向	人均纯收入（元）	平均旅游消费倾向
1994	3 496	0. 119	1 221	0. 045
1995	4 238	0. 092	1 578	0. 033
1996	4 839	0. 087	1 926	0. 029
1997	5 160	0. 089	2 090	0. 054
1998	5 425	0. 087	2 162	0. 071
1999	5 854	0. 083	2 210	0. 089
2000	6 280	0. 085	2 253	0. 079
2001	6 860	0. 081	2 366	0. 070
2002	7 703	0. 076	2 476	0. 066
2003	8 472	0. 063	2 622	0. 059
2004	9 422	0. 057	2 936	0. 053
2005	10 493	0. 051	3 255	0. 051
2006	11 760	0. 046	3 587	0. 044
2007	13 786	0. 044	4 140	0. 036
2008	15 781	0. 034	4 761	0. 037
2009	17 175	0. 030	5 153	0. 036
2010	19 109	0. 028	5 919	0. 032

从区域上看，东南沿海发达地区的旅游消费水平较高，中西部地区消费不足。因为我国旅游抽样调查资料中的人均国内旅游消费数据指出游者的人均国内旅游消费，并不是全体居民的人均国内旅游消费。一个地区居民的国内旅游消费水平不仅与其出游者的国内旅游消费水平有关，还与其出游率有关，因此可以以出游者人次国内旅游消费出游率代表该地区居民的人均国内旅游消费水平。从 2013 春节和中秋国庆黄金周旅游市场的数据来看，受一系列不利因素影响而压抑的旅游需求正逐步得到释放，假日

旅游市场依旧呈现火爆态势，维持在高位运行。全国假日旅游协调办公室发布的《2013 年春节黄金周旅游统计报告》显示，2013 年春节黄金周期间，全国共接待游客 2.03 亿人次，比上年春节黄金周增长 15.1%；实现旅游收入 1 170.6 亿元，增长 15.4%。2013 年国庆假期期间，全国共接待游客 4.28 亿人次，比上年中秋节国庆节假期增长 0.7%（按可比口径，同比增长 15.1%）；实现旅游收入 2 233 亿元，比上年中秋节国庆节假期增长 6.1%（按可比口径，同比增长 21.2%）；游客人均花费支出 521 元。

（三）国内旅游消费结构不稳定

旅游消费结构是反映旅游者消费质量变化状况和内在构成合理化程度的重要标志。从不同角度出发可将旅游消费结构划分为不同的类型。根据消费内容，旅游消费分为旅游活动中必需而又基本稳定的住宿、饮食、交通、游览等基本消费和需求具有较大弹性的购物、娱乐、邮讯等非基本消费。城乡居民的基本旅游消费比重都呈现下降趋势，城镇居民从 2000 年的 71.2% 下降到 2010 年的 57.3%，农村居民从 58.6% 下降到 32.7%，相应的非基本消费比重也逐渐上升，总体上反映了城乡居民旅游消费结构水平得到了一定改善。

（1）总体上看，农村居民的旅游消费行为发生了较大变迁，消费结构的变动程度强于城镇居民。

城镇居民消费结构相对农村居民稳定。从具体项目变动程度来看，农村居民消费变动程度从强到弱依次为：购物、其他、住宿、交通、餐饮、游览、娱乐和邮讯消费，而城镇居民依次为：其他、交通、购物、住宿、游览、餐饮、娱乐和邮讯消费，城乡居民具体消费内容变动程度差异较大，农村居民消费变动则更为明显。从 2000 年与 2010 年消费项目比例变化的比较来看，农村居民除了购物消费与其他消费占总消费的比重上升外，其余消费项目比重都趋于下降；而城镇居民正向变动的较多，除了交通、住宿、游览消费比重下降外，其余 5 个消费项目比重都是上升的。

（2）城乡居民旅游交通费用的变动程度都较大，且费用支出比重在所有项目中一般位居前两位，但比重趋于下降。

城镇、农村居民旅游消费支出比重分别从 2000 年的 32.7%、28.7%

下降到2010年的23.7%、19.8%，这与道路交通设施的改善、出行可选工具和自驾车旅游的增多有一定关系。城乡居民住宿费用比重也持续下降，2000年以后，住宿设施尤其是经济型酒店取得了飞速发展，比如成立于2000年的如家酒店集团，2011年开业门店已经超过1 400家，如今已发展成为饭店数量位居中国第一、全球第13位的经济型酒店集团，类似的住宿设施日益增多，扩大了旅游者的住宿选择范围，也降低了住宿成本。城镇居民餐饮消费比重相对较高，10年内基本维持在16%~17%，部分因为随着居民收入水平的提高，饮食消费追求相应提高，消费支出也相应增加，也与近年来通货膨胀、物价上升、旅游景点餐饮费用偏高有一定关系。国内知名景区门票费用的提高和居民游览内容的增多，致使城镇居民游览费用也逐年提高，比重基本维持在7%~8%的水平，然而，与城镇居民相反的是，农村居民餐饮和游览费用支出比重不断走低，住宿、餐饮和游览三项费用比重之和从2000年的29.9%下降到2010年的12.9%，城镇居民却从32.2%上升到33.6%，差距日益拉大，这三项过低的消费比例、发展趋势与旅游消费的一般规律不相吻合。其主要原因是，目前农村居民出游人次中一日游比例较高，这部分游客没有住宿费用，游览和餐饮费用也较低。同时，过夜的游客中，以探亲访友为目的的游客占到出游人次的60%以上，他们多借宿、用餐在亲朋好友家中，旅游形式以低层次的城市观光为主，吃住和门票费用支出较少，真正观光游览、度假休闲的游客仅占到18.6%，然而城镇居民这两类游客达到58%。可见，农村居民的旅游消费产品结构不合理，旅游产品质量亟待改善。

（3）城乡居民购物费用的变动程度都表现强烈，且支出比重持续上升。

2010年农村和城镇居民旅游购物比重已分别达到23.7%和44.7%，位居第一，这与各地对旅游购物产品开发日益重视、购物环境逐渐改善及居民收入水平逐步提高密切相关，但与发达国家旅游购物比重平均为50%相比仍有较大差距。但是，农村居民购物消费主要来自于进城购买自身需求的基本生活用品，或购买礼品探亲访友，而不是真正意义上的旅游购物，因而不能以这里的购物消费比重衡量农村居民的真实旅游消费水平。农村居民的其他消费所占比重较高，变动程度也较明显。其它消费统计包括了医疗等费用，而部分农村居民出行城镇的重要目的是看病，住宿、餐饮、游览等旅游消费只是这些医疗或购买生活必需品消费的附属行为，这也是导致农村居民旅游消费水平偏低，而非基本旅游消费偏高的原因。

第二节　旅游消费经济学的学科性质及研究对象

作为一个经济学概念对旅游消费进行明确的定义，是研究旅游消费及其构成因素的前提条件。本节将对旅游消费性质及研究对象展开分析，以便对旅游消费问题有一个清晰的理论上的认识。

一、旅游消费的性质

消费是经济活动的一个重要环节。旅游消费是旅游与消费的交叉重合行为，是总消费的一个重要组成部分。旅游是一个很复杂的体验活动，既是经济现象，又是社会现象，也是文化现象。旅游过程表现为经济活动过程，消费的是服务，得到的享受是精神和文化的。从经济现象的角度来考察和研究旅游活动，其内容范畴是十分广泛而丰富的，如旅游资源利用和产品开发、市场营销、行为规范、微观管理和宏观调控以及旅游业的投资和税收等等。在旅游活动中，一个经常的十分活跃的重要方面便是旅游消费。旅游消费作为一种经济现象，在全部旅游活动中具有重要意义，在某种程度上决定着旅游产业的发展。

旅游产品具有价值和使用价值，通过货币交换满足人们的需求。旅游产品的生产是商品生产，旅游产品具有商品性，旅游业是创汇（或回笼货币）性、生产性行业。由此决定了旅游消费具有一般消费的性质，但又区别于一般消费。旅游消费既是消费现象中一个特殊的组成部分，又是旅游过程的一个重要内容。

一般说来，旅游消费结构是分层次、有条件的、有属性的，它取决于经济社会发展总体水平和国民的富裕程度以及相关制度、环境和文化等因素。从旅游消费的构成看，旅游消费是一种综合性的消费，它既有一般消费的结构持特点，又有其自身的结构特征。消费经济学认为，“一定消费结构是一定的需求结构和一定的生产结构或供给结构相互作用的产物。”“在商品经济条件下由于消费资料采取了实物和价值的形式，因而消费结构也具有实物和价值两种形式。”旅游消费的需求结构和生产供给结构是相互作用、协调一致的，是通过市场交换实现和调节的。旅游消费同样包含实物和价值两个方面，不同的是，其实物形态是以服务为中心多要素组合，称为旅游产品组合或旅游线路组合；其价值形态同样产生于产品的生产过程和使用过程。从旅游消费结构的层次看，旅游消费是一种享受性发展性质的消费。消费资料基本可以分为三大类、即生存资料（含必要生存实物资料、必要性劳务）、发展资料（发展性文物资料、发展性劳务）和享受资料（享受性实物资料、享受性劳务）。这种消费结构是分层次的、不断发展变化的。其中，生存资料是较低的基础性层次，是任何社会条件下必须优先满足的，其消费需求弹性较小，回旋余地也不大，发展资料和享受资料是高层次的，相应的需求弹性大些。当人们的收入还仅限于维持衣、食、住、行等基本生存需要，即处于“温饱型”时，一般来讲，人们不会追求或形成普遍的享受性消费。旅游消费既含实物消费又含劳务消费，是高层次的享受和发展消费。从旅游消费条件看，在工业化和后工业化时期，逐步向“闲暇经济”过渡或进入“闲暇经济”阶段，才能产生大量的旅游消费。消费需要的支付条件和消费环境不同，而不同的支付能力和消费环境对应的消费取向也不同。旅游消费的支持条件复杂，在所有条件中收入和时间是两个必要条件，社会环境和旅游配套设施等，应视为充分条件，这两者结合构成旅游消费的充分必要条件，才能使消费购买动机得以实现，消费欲望得到满足。这是因为在其费用支付条件上，旅游消费取决于旅游收入、支出和消费三者之间的均衡，这三者在货币金额上应是接近或等同的。旅游收入表现为各旅游企业和相关部门的收入总额；旅游支出和旅游消费则是旅游者在旅游活动中的各种花费。在时间支付上，旅游企业服务时间与旅游者的旅游耗用时间是一致的，旅游消费过程与旅游服务过程是同时发生的。实践证明，旅游消费的费用和时间是由全社会劳动效率和分配水平决定的。

二、旅游消费经济学是一门交叉学科

（一）社会的发展，使旅游消费经济学成为一门重要的新学科，这是社会经济发展的客观要求和必然结果

前面已经说过，消费是社会再生产的一个重要环节，它和生产、分配、流通乃至其他很多领域都有着极为密切的联系。旅游消费在人的全面发展、社会经济文化的发展等各个方面的作用越来越大。特别是当代，高新技术不断发展，新产业、新产品不断涌现，旅游消费领域不断扩大，旅游消费品和劳务丰富多彩，随之出现了很多新情况、新问题。因此，必须有专门的学科对其进行系统的研究。在进行新的探索的过程中，总结新的经验，得出新的结论，指导新的实践。

（二）旅游消费领域的发展变化是其他学科无法比拟的

随着生产的发展，如何使旅游消费领域不断扩大，旅游消费需要不断增加，旅游消费结构不断优化、升级，旅游消费层次、质量不断提高，促进并引导产业结构、产品结构适应旅游消费结构的变化，开拓新产品；如何优化旅游消费环境，培育旅游消费热点，开拓旅游消费市场，更好地满足人们日益增长的旅游消费需要，促进社会经济的发展；如何解决旅游消费领域经常出现的一些矛盾，提示旅游消费领域的发展变化及其内在规律，诸如此类的问题，其他学科是无法研究的。生产、分配、交换领域各有其特殊矛盾，各有其内在规律。旅游消费领域也有其特殊矛盾，有其内在规律。毛泽东同志指出："科学研究的区分，就是根据科学对象所具有的特殊的矛盾件。因此，对于某一现象的领域所特有的某一种矛盾的研究，就构成某一门利导的对象。""在经济学科体系中，对生产环节进行独立研究的学科有生产力经济学、工业经济学、农业经济学等，对分配环节进行独立研究的学科有财政学、分配经济学等，对交换环节进行独立研究的学科有商业经济学、市场学等。"既然生产、分配、交换和消费都是社会再生产总循环过程中的独立环节，对其他三个环节都有独立的学科，对

消费环节也就应该建立独立的学科。因为其他学科都不可能对消费关系进行系统深入的研究，不可能代替消费经济学。而旅游消费经济学是消费经济学应用于旅游，应该是一门融旅游经济学与消费经济学为一体的学科，应加强对旅游消费经济学的研究。

三、旅游消费经济学的研究内容

（一）经济科学的研究内容离不开生产关系

消费经济学研究消费关系，并不是孤立地就消费关系研究消费关系，还必须联系其他方面进行深入的研究。例如必须联系再生产的其他环节，把消费置于社会再生产的总体中去考察，探讨一定的生产、分配和交换如何影响消费，生产的运行机制、分配机制和交换机制对消费关系的形成、发展和变化有何影响等等。要联系消费的自然过程，联系消费的实物内容来研究消费关系。如果撇开消费的自然过程，不谈消费品的数量、品种、结构、质量等，也就无法揭示消费关系的发展趋势和内在规律性。另外，还要联系生产力，生产力决定消费水平、消费结构、消费方式，决定各项消费活动，离开了生产力，研究消费关系也就失去了客观基础。要联系消费力，消费力与消费关系有直接的联系，研究消费力，才能了解消费者对消费品和劳务的需求状况，便于组织消费品和劳务的生产和供应。要联系上层建筑，人们的生活消费不仅受经济制度、规章制度和法制的影响，受消费政策、消费体制的影响，而且取决于消费观、价值观。必须以社会主义的价值观、消费观为指导，端正价值导向。因而研究消费关系必须联系上层建筑。

（二）旅游消费关系是生产关系的重要方面

因而可以说，旅游消费经济学的研究内容是：一定社会条件下旅游消费领域的经济关系（即旅游消费关系）及其发展规律。或者说，旅游消费经济学是研究一定社会条件下，人们在旅游消费过程中结成的经济关系（即旅游消费关系）及其发展规律的科学。旅游消费关系的主要内容，从微观来说，包括不同居民集团以及不同旅游消费者在旅游消费过程中各自所处的地位及其相互关系，体现旅游消费水平、旅游消费结构、旅游消费方式等方面的差别和联系及其发展趋势；从宏观来说，包括社会旅游消费水平、旅游消费结构、旅游消费方式等方面各自的发展和规律性等等。

（三）旅游消费力是人们为了满足自己的物质文化需要对旅游消费资料（包括劳务）进行旅游消费的能力

它不仅包括购买力，而且应该包括人的知识和才能，它不是旅游消费领域本身的问题。他们所说的合理组织旅游消费力，主要指居民收入的合理分配，更是分配领域的问题，不是旅游消费领域的问题。当然，旅游消费力问题很重要，研究旅游消费经济学，必须联系旅游消费力，但它不是旅游消费济学研究的对象。正如政治经济学的研究要联系生产力，但生产力不是政治经济学研究的对象，不能既研究生产关系，又研究生产力。

在人们的旅游消费过程中存在着广泛的、复杂的经济关系，即旅游消费关系。那么，旅游消费关系的内容如何？主要包括以下几个方面：① 不同社会阶层、不同社会集团以至不同劳动者在旅游消费过程中各内所处的地位和他们之间的相互关系；② 不同社会阶层、不同社会集团在旅游消费需要、旅游消费水平、旅游消费结构、旅游消费方式等方面的差别和联系及其发展趋势；③ 整个社会的消费需要、旅游消费水平、旅游消费结构、旅游消费方式等方面的具体状况，发展趋势与规律性；④ 人们在消费过程中物质旅游消费与文化旅游消费的关系；⑤ 公共旅游消费与个人旅游消费的关系；⑥ 旅游消费需要及旅游消费品及劳务供应的关系，等等。

研究旅游消费关系及其发展现律，必须从纵、横两个大的方面考察：纵的方面，是指把生活旅游消费纳入社会再生产过程及其四个环节的总体联系中来分析，研究旅游消费关系在社会生产关系中的地位与作用。要研究旅游消费关系对直接生产过程的社会关系、分配关系、交换关系之形成、发展、变化的反作用；要研究在一定的生产、分配、交换关系制约下，形成怎样的旅游消费关系；要研究旅游消费关系对国民经济增长格局、经济体制模式、国民经济循环过程、社会资源合理分配的能动作用。横的方面，是指在一定社会经济条件下，以一定的生产关系、分配关系和交换关系为前提，研究旅游消费领域内部不向要素之间的相互关系及其特殊矛盾。这就要求深入到经济生活的各个方面来研究旅游消费关系及其运行方式，要求深入到人们的旅游消费过程中，深入到旅游消费环节内部的各个方面，不仅揭示消费与其他环节的内在联系，而且研究旅游消费关系自身发展变化的规律。比如，研究旅游消费水平，就应该研究影响旅游消费水平的各种因素，研究不同居民集团旅游消费水平的差别及其发展趋势，研究旅游消费水平的不同变化对人们的体力和智力、还是人们旅游消费需要的不同作用，从而揭示旅游消费水平所体现的经济关系及其发展趋势。再如，研究旅游消费结构，就要研究影响旅游消费结构的各种因素，研究旅游消费结构发展变化的趋势；揭示旅游消费结构的这种发展趋势如何反映旅游消费关系的发展变化规律；研究如何调整旅游消费结构以促进旅游消费结构的合理化：揭示旅游消费结构的调整对人们旅游消费关系的影响，等等。研究消费关系及其发展规律，就必须深入到经济生活的各个方面。研究消费领域的经济关系及其运行的方式、机制和途径，要具体深入到人们生活消费的过程之中，深入到消费环节内部的各个方面，揭示消费与其他环节的内在联系和消费关系自身的变化发展规律。比如，消费水平是体现消费关系的重要方面，是消费经济学的重要范畴。研究消费水平，就应该研究影响消费水平的各种因素；研究不同居民集团消费水平的差别及其发展趋势；研究消费水平的不同变化对提高人们的体力和智力，满是人们消费需要的不同作用，从而揭示消费水平所体现的经济关系其发展变化规律。研究其他消费问题也都应该如此。总之，通过研究旅游消费结构，揭示旅游消费结构所反映的旅游消费关系及其发展规律。

第三节 研究旅游消费经济学的方法及必要性

一、旅游消费经济学研究的重要意义

旅游消费、旅游消费关系，在过去一个相当长的时期内，几乎总是被经济学所遗忘；然而，旅游消费是社会经济生活的一个重要领域，旅游消费关系是社会生产关系中相对独立的一个重要方面。人与人类社会，既不能停止生产，也不能停止旅游消费；生产和旅游消费有机结合，是一切社

会发展的必要前提。我国现阶段尚处在社会主义初级阶段。而旅游消费领域的新情况、新现象、新问题，现在和将来都不断涌现，层出不穷。因此，研究旅游消费经济学有着极为重要的必要性，主要表现为以下六个方面。

（一）旅游消费直接体现发展旅游经济的根本目的

发展旅游经济的根本目的是提高全国人民的生活水平和质量。要想实现这一根本目的，就必须研究如何提高旅游消费水平，优化旅游消费结构，优化旅游消费方式，必须研究如何调整产业结构、产品结构以适应旅游消费结构的变化，从而更好地满足人民的旅游消费需要，不断提高旅游消费质量，促进人的全面发展，实现恩格斯所说的："使劳动者体力和智力获得充分的自由的发展和运用。"事实上，我国早已把旅游消费纳入社会旅游经济发展战略目标之中，已成为旅游经济发展战略的一个重要组成部分。这正说明旅游消费在社会旅游经济发展中的作用越来越大，也说明研究旅游消费旅游经济具有越发重要的意义。

（二）旅游市场经济是需求导向型旅游经济，而市场需求首先是旅游消费需求

市场经济越发展，旅游消费需求的导向作用和拉动作用就越大。如何发挥旅游消费需求的作用，通过扩大旅游消费需求，通过旅游消费结构的优化和升级，促进产业结构的优化和升级，形成新的旅游经济增长点，从而实现旅游消费需求与旅游经济增长之间的良性循环，促进整个国民旅游经济的发展，这些都是旅游消费领域的重要问题。所以，加强对旅游消费旅游经济的研究，揭示旅游消费需求、旅游消费结构、产业结构、旅游经济增长之间的内在联系及其发展趋势和规律，具有重要的理论意义和实践意义。

（三）实现旅游者的旅游消费需求，提高旅游事业的发展和服务质量

旅游业以旅游者的存在和消费为主要前提，没有旅游者和消费，旅游

业就不能存在。从现实意义上讲，一个旅游企业赢得旅游者和旅游者消费的多少，是衡量该企业是否兴旺发达的重要标志。如何赢得旅游者，众所周知“得人先得心”，旅游消费经济学正是研究人的心理和经济规律的学科，它能为发展旅游事业、招徕更多的旅游者提供重要的心理依据。

（四）旅游消费经济学的研究为旅游企业经营管理提供了心理依据

世界旅游业是在环境变化、技术革新、竞争激烈的情形下发展的。一个国家或地区的旅游业要想在激烈变化的市场竞争中占据优势地位，就要对变化的环境进行科学的预测和决策，然后在此基础上调整经营方针，改善经营措施，制定经营策略，这样才能吸引更多的旅游者，保持充足的客源。旅游消费经济学的研究，可以帮助我们运用心理学的原理去分析旅游者的心理趋势，针对其心理特点开展有效的宣传，制定受欢迎的经营措施，提高经营效果。再者，旅游心理学的研究对科学合理地安排旅游设施、开发旅游资源提供了心理依据。旅游业的一切设施都是为旅游者所利用，无论现代化程度多高，都必须适应旅游者的生理和心理的特点，否则形同虚设。开发旅游资源，目的在于利用，如果不考虑旅游者的需要，则是盲目地开发。为此，旅游设施的安排和旅游资源的开发应以旅游者的需要为前提，以满足旅游者的需要作为制订方案的依据。在资源开发利用和设施的安排上要做到科学合理，就必须对旅游者的心理规律进行研究。

（五）旅游消费经济学的研究有利于建设高质量的旅游企业职工队伍

旅游消费经济学作为一门专业学科，研究的是有关旅游专业的心理方面的，这是企业职工不可缺少的。深入学习这门学科，掌握这门学科的基本理论和知识，可以使职工正确认识工作的对象，把握工作对象的心理特点和差异。旅游企业职工能否做到这些，关键取决于心理科学的应用水准。从旅游事业的发展趋势看，建设高质量的旅游企业职工队伍已刻不容缓。实践经验告诉我们，旅游消费经济学在提高职工职业素质方面具有重要的作用。

（六）旅游经济文化一体化是当代社会发展的大趋势

旅游经济发展必须以文化为导向，旅游消费是旅游经济文化一体化的重要结合点。通过旅游消费，通过不断提高旅游消费中的文化含量，提高旅游消费质量，这是营造良好的文化环境、提高社会文明程度的一个重要方面，也是加强两个文明建设，防止“文化矛盾”的一个重要方面。特别是当代，高科技迅猛发展，并不断渗透于旅游消费领域，使人们的旅游消费生活发生着根本性的变革。信息旅游消费、网络旅游消费给人类的旅游消费增添了不少生机和活力，但也容易出现一些反人性、反科学的东西；如何利用先进文化引导高科技，开拓思维，如何既发展科技理性又发扬价值理性，用先进文化引导我们的旅游消费生活，提高旅游消费中的文化含量，从根本上提高人的素质，培育优良的社会机体，促进社会文明和社会全面进步，这些正是旅游消费旅游经济学应该着重研究的重要课题。这也说明了加强对旅游消费旅游经济的研究具有极其重要的意义。

二、旅游消费经济学的研究原则和方法

旅游消费经济学是一门部门消费经济学，必须以经济理论为指导，结合社会科学的特点，运用相应的科学方法来研究。旅游消费经济学，像其他学科一样，必须运用辩证唯物主义的方法进行研究。我们要从消费领域大量的实际材料出发，分析、综合，找出带有规律性的东西。例如，需要广泛运用矛盾分析的方法，分析消费领域中的各种矛盾，分析这些矛盾的根源以及解决的措施。除了要分析消费与生产、分配、交换各个方面的矛盾外，还要分析消费领域内部的矛盾，包括消费水平、消费结构、消费方式、消费质量之间也是密切联系、相互影响的。旅游消费经济学就是运用辩证唯物主义的矛盾分析方法，运用对立统一的方法来研究这些矛盾，通过分析矛盾，揭示消费领域更深层次中的具体情况和问题，提出解决矛盾的方法，从中找出带有规律性的东西。辩证唯物主义强调实事求是，调查研究，一切从实际出发。研究消费问题，探索消费的发展规律，必须强调调查研究，掌握大量的实际材料，然后进行分析、综合，去粗取精、去伪存真、由此及彼、由表及里，从而得出科学的结论。

从旅游消费领域内部来说，无论旅游消费水平、旅游消费结构，还是旅游消费市场等，都是一个大系统。任何旅游消费问题都不是孤立的，而是和其他经济问题联系着，也是和旅游消费领域中的其他许多问题联系着。如旅游消费水平问题，就牵涉到生产力水平，收入水平和收入分配，旅游消费品的供应、价格，旅游消费市场等一系列的问题，必须运用系统分析的方法，从中找出各种影响因素，分析各种因素之间的关系，揭示出它们的发展趋势和规律性。特别是当代，科学技术越发展，社会经济越发展，旅游消费的范围越扩大，就越会增加对旅游消费问题进行系统、科学研究的困难。我们必须运用系统分析的方法，才有利于从多方面对问题进行深入、系统的分析，从多角度全面了解事物发展的状况及其变化，从而得出比较科学的、合乎实际的结论。

（一）研究旅游消费经济学应遵循的原则

1. 客观性原则

在商品和劳务经营活动中，旅游消费者的心理现象是由客观存在所引起的。对任何心理现象，都要考察它的本来面貌，而不能脱离实际地主观臆断。心理学本身有不具形体、抽象的特点，抽象是对客观存在的理论概括，而心理现象则是生动具体、可以观察的。对旅游者的旅游消费心理，只能在他们旅游活动的外部条件中进行研究。例如，由某种原因引起的旅游产品成本和价格的变化，会使一部分旅游者的旅游消费心理发生变化，这是客观存在的。

2. 发展性原则

发展性原则就是在事物产生、延续和变动的连续过程中研究心理现象的原则。我国的旅游产品市场作为供求关系的总和，正处于不断的发展和变化之中。旅游者的旅游消费生活，包括旅游消费观念、旅游消费动机、旅游消费结构和旅游消费趋向，也在不断的发展变化中。作为旅游市场要素之一的旅游者，在市场上的行为也不可能处于静止的状态或某种固定的模式之中。因此，要在发展中去研究旅游消费者的心理现象。例如，随着我国经济和社会的发展，不仅人们的生活方式发生了变化，旅游者的出游方式也发生了改变，由以前的有组织的团体出游方式逐渐转变为近几年越来越多的以家庭为单位、与朋友结伴出游或商务旅游的出游方式。

遵循发展性原则，要求不仅要阐明旅游者已经形成的旅游消费心理，而且要阐明那些潜在的、刚刚产生的、新的心理特点；不仅要看到旅游消费者现实的个性心理特征和心理状态，还要预测其发展趋势；不仅要了解旅游消费者已经形成的心理品质和习惯行为，还要看到其发展前景，用发展的眼光去看待旅游消费者的心理变化和现象。

3. 综合性原则

即个性研究中的分析——综合原则。在纷繁复杂的旅游商业活动中，对待不同的旅游产品和服务的态度，旅游消费者都会表现出不同的心理特点和个性。尤其到20世纪末，旅游消费者的需求出现了多层次和个性化的变化，个性化的旅游消费心理占据越来越突出的地位，旅游旅游消费者市场的划分也越来越细。对于旅游旅游消费群体的一般性的分析，不足以说明旅游消费者的个性，每个旅游消费者都会在购买行为中表现出比较固定的个性。

遵循个性研究分析——综合原则，可以帮助我们认识个别旅游消费者在不同的生活、旅游活动条件下的心理成分，有助于我们弄清全部个性心理表现的相互联系，从而找出表明某个旅游消费者整个特点的那些稳定的东西。例如，某些旅游者在购买旅游产品时，从产品组成、设计到产品价格精心挑选，绝不马虎，一定要购买到如意的产品，这类旅游者比较稳定的旅游消费心理特点是细致、节俭和个性强。

4. 联系性原则

对旅游消费心理的研究，还要遵循联系性原则，原因有三点。首先，影响和制约旅游者心理的内外因素是相互联系的。例如，饭店营业环境的优劣直接影响到旅游者的情绪，而旅游者的心境又制约着他们对环境的体验。其次，人的心理过程和心理状态是相互联系的。例如，旅游者对旅游产品和服务的认识过程，与他们在旅游活动中的心理状态紧密相连。再次，由于该学科具有交叉学科的特点，这就要求我们在研究中不能孤立地研究，而是要联系其他相关学科的成果进行研究。

研究旅游者的旅游消费心理，在遵循上述四项原则的同时，还要根据研究任务的需要选择适当的研究方法。

（二）旅游消费经济学的研究方法

1. 理论与实际相结合的方法

旅游消费经济学是在长期的旅游实践活动的基础上产生的，反过来又服务于旅游实践，因此，理论与实际相结合是研究旅游消费经济学的一个重要方法。坚持理论与实际相结合的观点，要求一切研究必须从旅游经济活动的客观实际出发，解决旅游经济发展小的实际问题，即：从我国国情出发，根据目前和今后一段时期社会经济发展状况来规划旅游产品，揭示旅游经济发展变化的客观规律，并将其上升到理论层面，用以指导旅游经济的实际工作。同时，坚持“实践是检验真理的唯一标准”的原则，把旅游经济理论应用于实践，用实践来检验、充实和丰富旅游经济理论。运用理论与实际相结合的方法研究旅游消费经济学，还必须建立在旅游经济活动全局的基础上，探索旅游经济活动的运行及各个环节的特点和规律性。另外，必须立足于我国旅游业的实际，并以世界旅游活动为舞台。这是因为，我国旅游业只是世界旅游业的一部分，其中国际旅游的活动领域是世界范围的大旅游市场，它同世界其他国家的旅游业有着千丝万缕的联系。所以，旅游消费经济学的研究还必须着眼于世界旅游活动这个更大舞台上的旅游实际。

2. 实证分析与规范分析相结合的方法

实证分析是消费经济学研究的基本方法，也是旅游消费经济学研究的基本方法。实证分析主要是研究经济现象“是什么”，即只考虑经济活动的实际运作而不考虑运作效果的好坏。实证分析有理论研究和经验研究两种：理论研究是通过实际经济运行状况的考察，归纳出可能存在的规律，然后从一定的假设出发，以严密的逻辑推理演绎证明这些规律并推论可能存在的规律；经验研究是将理论分析中得到的经济规律还原到经济实践中来，从而考证规律的正确性。规范分析是研究经济活动“应该怎么样”，例如如何避免和改善旅游企业之间的恶性竞争，旅游企业的竞争如何做到公平、有效以及怎样促进效率的提高。

在我国旅游经济中，规范分析的研究要相对多于实证分析的研究。在旅游经济研究中，逻辑的推理固然重要，但是由于没有来自于实践的支撑，这样的推理和研究往往就失去了理论的解释意义。只有解决了经济发展中的实际问题，理论的分析才有意义。所以，旅游经济研究需要的是实证分析与规范分析相结合的方法。

3．定性分析与定量分析相结合的方法

旅游经济活动中的各种经济现象不仅具有质和量的规定性，而且处在不断变化的过程中，因此在研究旅游消费经济学时，对各种经济现象和经济关系必须在研究质的同时研究量的变化。旅游消费经济学中的许多范畴，如旅游产品、旅游需求和旅游价格等，都具有质的规定性，同时又具有量的规定性。我们除确定其性质和特点外，还应对旅游经济现象进行定量分析，从它们之间量的变动关系中分析旅游经济现象的发展变动趋势，揭示其规律性。只有将定量分析和定性分析结合起来，才有利于对旅游消费领域的经济问题和发展变化趋势进行理论研究，达到事物质、量的统一。

在定性分析方面，社会主义旅游消费经济学必须以马克思主义为指导，以马克思主义旅游消费理论为依据；对不断出现的新情况、新问题，进行新的探索；对许多新情况、新问题、新概念、新范畴都需要进行新的分析，做出质的规定。这就必须进行定性分析。在定量分析方面，旅游消费领域的经济现象的数量关系是十分复杂的，如居民收入、旅游消费支出、旅游消费水平、旅游消费结构等，都具有明确的量的规定性，都存在复杂的数量依存关系。因此，必须运用定量分析的方法，阐明旅游消费领域中基本的数量关系，甚至建立起一些数学模型，这是揭示旅游消费领域经济运动规律的重要手段。综上，必须把定性分析与定量分析有机结合起来。没有定性分析，就难以抓住问题的实质；没有定量分析，就难以准确地看出各方面的依存关系，也影响对问题的实质性分析。我们要在定性分析的基础上，加强定量分析，通过数学公式、函数分析，揭示某一旅游消费问题与其他有关因素之间在数量上的依存关系和动态变化规律，这样得出的结论才是比较完善的。旅游经济的研究在重视定性分析的同时，更要重视定量分析，如经济效益分析、旅游收入分析、投资分析等。为了在旅游消费经济学研究中更好地进行定量分析，学习统计学、数学和计算机技术是非常重要的。

4．多学科知识综合的方法

旅游经济活动是一项综合性的社会经济活动，其研究涉及消费经济学、旅游学、心理学、社会学、统计学、会计学等，因此在研究旅游消费经济学时应注意学习这些学科的理论，借鉴这些学科的研究方法及最新研究成果，不断丰富旅游消费经济学的内容，提高旅游消费经济学的研究水平和对实践的指导性。

5. 比较的方法

有比较才有鉴别。掌握各方面的材料，包括国外的、本国的、外地的、本地的，进行对比分析，才能全面地看出问题的实质，找出最优对策。特别是我国目前在两种体制转换过程中，各方面的问题还比较多。比如我国城乡之间、各个地区之间、各居民集团之间，各方面的差别还较大。这就需要在深入调查研究的基础上，对这些差别进行比较分析，分析主客观原因，从而提出切合实际的结论，提出解决问题的合理对策。

【本章小结】

旅游消费经济学是随着旅游经济活动的发展而产生的，是对旅游消费经济活动的理论概括。研究旅游消费经济活动过程中的经济现象、经济关系和经济规律，对指导旅游消费经济的发展具有重要的意义。

【思考题】

一、名词解释

1. 消费
2. 消费结构
3. 旅游消费

二、论述题

1. 试论述旅游消费经济学研究的主要内容。
2. 旅游消费经济学研究的主要方法有哪些？
3. 为什么要研究旅游消费经济？旅游消费经济为什么是一门独立的学科？
4. 旅游消费经济学研究的主要任务是什么？

【本章推荐阅读书目】

[1] 宁士敏. 中国旅游消费研究 [M]. 北京：北京大学出版社，2003.
[2] 刘菲. 旅游消费心理与行为 [M]. 北京：经济管理出版社，2007.

【本章主要参考文献】

[1] 国家统计局年鉴.
[2] 王颖. 旅游消费结构及其潜力分析 [J]. 茂名学院学报，2009 (3).
[3] 李一玮，夏林根. 国内城镇居民旅游消费结构分析 [J]. 旅游科学，2004 (2).
[4] 郭巍. 中国旅游消费结构存在的问题与优化对策 [J]. 甘肃农业，2007 (3).
[5] 苏继伟，邱沛光. 旅游业对地区经济发展的贡献分析 [J]. 统计与决策，2005.
[6] 耿修林. 不同收入等级下城镇居民消费结构的动态比较 [J]. 统计与信息论坛，2009 (12).
[7] 迈克尔·波特. 竞争优势 [M]. 北京：华夏出版社，1997.
[8] 刘霁雯. 我国居民收入与国内旅游消费关系研究 [D]. 上海：华东师范大学，2011.

第二章 旅游消费的性质及作用

【本章概要】

本章着重阐述了旅游消费概念，接着讲述了旅游消费的性质以及所存在的作用，分析了旅游消费的影响因素，并对旅游消费进行了合理的预测。

【学习目标】

●掌握旅游消费的概念以及性质，能够熟练地分析旅游消费。

●准确把握旅游消费的特点，更好地分析旅游消费。

●了解旅游消费的影响因素，正确地预测旅游消费的发展方向。

【关键性术语】

消费；旅游；异地与流动性；个体性；精神性；高层次性；学习与体验；居民收入；产品价格；绿色消费；需求多元化

改革开放以来，我国无论是入境旅游消费还是出境旅游消费都已获得长足发展，国内旅游消费更是取得了举世瞩目的伟大成就。因此，全面正确地把握旅游消费的内涵及其基本特征，对于指导和保证我国旅游消费活动健康有序地进行具有十分重大的意义。

第一节 旅游消费的概念、性质以及结构分类

一、旅游消费的概念及性质

（一）旅游消费的基本概念

我国理论界对旅游消费概念的研究最早可追溯到20世纪80年代中

期。截至目前，关于旅游消费的概念比较有影响的主要有以下三种。

(1) 旅游消费指人们在旅行游览过程中，为了满足其自身发展和享受的需要而进行的各种物质和精神资料的消费总和。

(2) 旅游消费是指人们在旅行游览过程中，通过购买旅游产品来满足个人发展和享受需要的行为和活动。

(3) 旅游消费是社会生产力发展到一定阶段所产生的一种综合性的社会经济现象，它是人们为了了解自然和社会，寻求新的感受，发展和完善自我而以旅游产品为消费对象的一种特殊的、高级的生活消费方式。

从以上三个概念可以看出，概念（1）和概念（2）大同小异，所不同的是，概念（1）是把旅游消费看成是一种消费的总和，侧重于旅游消费行为的结果；概念（2）则把旅游消费看成是一种“行为和活动”，侧重于旅游消费行为的过程。概念（3）赋予旅游消费以新的内涵，把旅游消费看成是“一种特殊的高级的生活消费方式”，具有独到的见解，但它们都是基于对旅游消费的某些性质的认识的结果。笔者认为，只有从以下三个方面才能全面正确地把握旅游消费的基本内涵。

首先，旅游消费是旅游消费者在自己的常住地以外的消费。在此要把握两个要点：其一，这种消费必须是旅游者的消费，而不同于一般的旅行者的消费。旅游者与一般的旅行者的基本区别在于看其是否带有游览目的，如果具有游览目的，则是旅游者，反之，则是一般的旅行者。一般旅行者在自己常住地以外的消费是不带有游览目的的消费，是一般意义上的消费，所以不能称作旅游消费。真正意义上的旅游消费，则要求消费主体必须带有游览目的，而不论这个目的是其离开自己常住地去外地消费的主要目的还是次要目的。因此，旅游消费者可以看作带有游览目的的旅行消费者。这是对旅游消费主体的界定。其二，这种消费必须是在旅游消费者在其常住地以外的消费。这是对旅游消费在空间上的基本要求，也是旅游消费与其他形式消费之间的不同之处。旅游消费行为的实现必须以空间位移的实现为前提，即先必须“旅”，且要“旅”离自己的常住地之后方可进行这种消费。究其原因主要是旅游吸引物总是存在于旅游消费者的常住地以外的某个地方。这是对旅游消费地域的界定。

其次，旅游消费是以一定的旅游产品为消费对象的消费。概括地说，旅游产品就是旅游者购买旅游活动过程中所需要的商品和服务的总和。它不是旅游者购买的一件具体物品，也不是某一种单项服务，而是相对一次旅游活动而言的综合概念。它通常包括旅游资源、旅游设施、旅游服务和旅游购物品等。其中，旅游资源又包括自然旅游资源和人文旅游资源，它是旅游消费的目标吸引物。旅游设施包括旅游交通、旅游饭店，旅行社等，它是旅游消费的媒介物。旅游服务包括客房服务、导游服务等。旅游购物品是旅游消费者在旅游地所购买的特色商品、纪念品等等。一次旅游消费活动之所以称为旅游消费，就是因为它消费的是旅游产品，而不是其他类型的产品。这是对旅游消费内容的界定。

再次，旅游消费是各种旅游消费现象和旅游消费关系的总和。因为旅游消费是一种服务性消费，服务性消费的实现有一个必不可少的条件——人的参与。正是人的参与导致旅游消费主体之间及旅游消费主体与旅游消费服务人员之间产生种种微妙、复杂的现象和关系。而这种种消费现象和消费关系正是旅游消费的最充分的表现形式，它们的总和便组成旅游消费的基本内涵。

综上所述，旅游消费指旅游消费者在自己的常住地以外，通过消费一定的旅游产品而引起的消费现象和消费关系的总和，也即人们在旅行游览过程中，为满足自身发展和享受的需要而进行的各种物质资料和精神资料消费的总和。

二、旅游消费的性质

（一）旅游消费的单特性

1. 个体性

旅游消费就其消费主体而言，属于个人消费范畴。旅游者是否选择旅游消费活动、什么时候消费、消费什么旅游产品、消费层次与消费量怎样等诸多旅游要素，都取决于旅游者的旅游消费意识和倾向、旅游消费习惯、旅游消费能力、旅游消费水平等，最终的旅游消费效果也是因人而异的。

2. 精神性

旅游消费作为一种个人消费，从内容上来看，两个除了包括有形的以商品形式存在的物质消费品和无形的以文化形式存在的精神消费品以外，还包括以此为依托的消费性服务在内。所以，旅游消费包括人们在旅游中获得的满足其享受和发展需要的旅游物质产品、精神产品和以此为依附的旅游服务三个方面。其中，物质形态的旅游产品的消费只是一种外在的形式或其中极少的一部分，旅游者真正所消费的是以物质的旅游产品为依托的精神和服务产品。

3．高层次性

人们的消费需要包括基本生存消费、发展消费、享受消费三个方面。基本生存消费是维持个人和家庭最低限度的消费标准；发展消费和享受消费则是人们为了提高自身的文化素质、陶冶情操、发展智力和体力，达到劳动力内涵扩大再生产要求的消费。旅游消费是人们在基本生活需要得到保障之后而产生的高层次的消费需求。

（二）旅游消费的双特性

1．异地性与流动性

旅游消费的异地性基于这样一个经济现实，即旅游者将自己在目的地之外的经济收入用于在目的地的消费。对于目的地而言，旅游者具有在空间上离开其“个体经济利益中心”的“非居民”身份。旅游消费异地性的经济意义在于其对旅游目的地的影响将远远超过旅游者所处的日常生活环境。同时，旅游消费的异地性又决定了可能的高风险性，导致旅游消费购买必然很谨慎。正是旅游消费的异地性，使得旅游消费表现为一种流动性消费，表现为沿着旅游线路的延伸在不同地点进行的散点式消费。这种流动性不仅使旅游消费能够拉动多种产业增长，而且能使不同地区经济受益，有利于国民财富在不同区域间均衡分配。

2．体验性与学习性

旅游消费是一种体验，其过程始于消费之前，并延续到消费之后，可分为以下五个阶段：之前的期望阶段——期盼旅行带来预期的收获；前往目的地阶段——力求尽量方便、快速到达；在目的地度过阶段——感受异地自然、文化、风情等获得认知和满足；返程阶段——主客地两种环境和情景的对比性感受与理解；回程后的追忆阶段——回味、加深认知和理解并计划下次旅行体验。旅游消费也是一种学习。旅游并非消极消费，除文化、修学旅游外，即使在一般性的旅游过程中，通过全过程的旅游体验了解新的文化、结识新的朋友、获得新的知识，其本质也是一种学习过程和人力资本再生产的途径。

3. 耦合性与交互性

在一般物质产品的生产和再生产过程中，生产、交换、消费是三个独立的环节，先有生产，然后才有交换和消费。但由于旅游产品和无形服务不可转移，服务的提供必须以旅游者的实际购买为前提，旅游者必须亲自到产品生产地进行消费，因而旅游产品生产、交换和消费在时间和空度上都是耦合统一的。在此过程中，旅游企业员工直接参与产品的生产和销售并成为产品的一部分，其态度和行为直接影响顾客对产品的满意度。与此同时，顾客也参与生产过程，并以其自身体验影响其他顾客的消费。这种交互式消费的特殊性在于，消费过程中的大部分影响因素无法由任何一方控制，也难于预测。

4. 时间性与空间性

首先，旅游消费必须以旅游者的闲暇时间为前提，是帮助消费者更好地利用时间、获得欢愉体验和感受的消费行为。从这点看，旅游消费与人们为了摆脱痛苦和不安的医疗、保险等消费具有类似的时间性。同时，旅游的核心消费对象往往具有与消费者不同时代的吸引特征，历史文明、文化遗产和以前沿科技为支撑的旅游产品对旅游者具有巨大的吸引力。其次，旅游是人们为了休闲、商务和其他目的前往并逗留在常住环境以外的地方进行的旅行活动，因此旅游消费的空间性首要表现在以消费者的空间位移为基本消费条件的同时主要以异地资源和异域风情为吸引力。最后，旅游消费越来越表现出明显的时空转换特征。尤其是工业社会后，航海、铁路、公路甚至现代化的航空、高铁、高速公路等交通设施日益发达，在大幅压缩旅游者的时间距离的同时扩大了旅游消费的空间范围，时空关系得以转化。

5. 波动性与非线性

旅游消费的波动性与非线性来源于旅游活动对自然环境和社会突发事件的敏感性和较强的恢复弹性。首先，旅游消费整体上存在很强的季节性波动，这种波动与人们闲暇时间的分布和气候等因素相关。其次，旅游消费还易受经济政治局势突变、汇率变化、战争和疫病尤其是传染性疾病等因素的影响。但由于与住房、汽车等大宗、耐用型消费相比，旅游消费是相对的低成本消费，因此它也是一种极具恢复弹性的消费。这种特征使其在经济形势趋紧时更具市场基础，因此在国内外历次经济下行、需求不振的困难时期，旅游消费都可作为刺激消费、扩大需求的重要手段。

三、旅游消费的特点

（一）旅游消费是综合性的消费

旅游消费是一个连续的动态过程，它贯穿于整个旅游活动之中，因而综合性的特点较为突出。首先，从旅游消费的对象看，旅游消费的是旅游产品，而旅游产品本身是一个综合体，它是由旅游资源、旅游设施、旅游服务等多种要素构成的。其中，既包含物质的因素，也包含精神的成分；既有实物产品，又有以活劳动表现出来的服务；既有劳动产品，又有非劳动的自然创造物等。其次，从旅游消费的内容看，旅游消费具有很强的综合性。旅游者必须购买交通产品以实现客源地与目的地之间以及目的地内部的空间位移；必须购买住宿和餐饮产品以满足食宿方面的物质和精神需要；必须购买游览、娱乐产品，以实现旅游的目的。可见，旅游活动是集行、游、住、食、购、娱为一体的综合性消费活动。再次，从旅游消费的效果看，旅游者所获得的是一种综合的消费效果。旅游消费不仅满足了旅游者的精神发展及享受的需要，同时，由于旅游者离开了原来的生活环境，在旅游过程中也有诸如吃、住等的基本生存需要，旅游消费也满足了旅游者的这种较低层次的需要。

（二）旅游消费是一种以劳务为主的消费

这里所说的劳务指服务，服务是以活动形式存在的。在旅行游览过程中，旅游者首先必须满足基本的生理需要，因而必然要消费一定量的实物形态的产品，但从总体上看，服务消费占主导地位。旅游服务消费，不仅在量上占绝对优势，而且贯穿于旅游者整个旅游活动过程的始终。旅游服务消费主要包括住宿服务、翻译服务、交通服务、导游服务、代办服务、文化娱乐服务、购物服务、餐饮服务等。因此，旅游从业人员的服务态度、服务效率、服务质量将直接影响旅游产品的质量，影响旅游企业的形象。

（三）旅游消费与旅游产品的生产、交换具有同一性

在一般物质产品的生产和再生产过程中，生产、交换、消费是三个相对独立的环节，先有生产，然后才有交换和消费。而以服务为核心的旅游产品则不同，旅游产品是不可转移的，旅游者必须离开常住地前往旅游目的地进行消费。旅游者的实际购买、消费旅游产品的过程，就是旅游产品的生产过程。旅游产品的生产、交换和消费在时间和空间上都是统一的。它们同时产生，同时终止，具有不可分割性。

（四）旅游消费具有不可重复性

旅游消费的不可重复性，一方面表现在同一时间旅游者只能购买一次旅游活动，从而只能消费一个单位的旅游产品，而不同于物质产品，消费者可以同时购买多个或多种产品。另一方面，旅游产品的使用价值对旅游产品的购买者来说在时间上具有暂时性。也就是说，某个旅游者只在他购买该次旅游活动的时间范围内，才对该旅游产品具有使用权，而不同于其他物质产品，消费者在购买后即对其拥有所有权，可以重复使用也可以随意转借他人使用。一旦旅游活动结束，该旅游者对旅游产品的使用权即告结束，旅游者消费活动亦随之停止。对于旅游产品中服务的部分而言，时间性则更为强烈。旅游活动结束，旅游者离去，旅游消费终止，旅游服务也即告终止。可见，旅游产品的不可转移性和不可储蓄性的特点，决定了旅游者对旅游产品的消费是不可重复的。

（五）旅游消费是弹性较大的消费

旅游消费是在人们的基本生存需要得到满足后而产生的一种较高层次的消费需要。一般来说，满足人们生存需要的产品，需求弹性较小；而满足人们发展和享受需要的产品，需求弹性较大。旅游消费属于需求弹性较大的消费。除旅游产品的质量、价格、旅游者的收入水平外，国际政治经济形势、旅游者的个性特征如年龄、职业、性别、受教育程度、宗教信仰

等因素，以及旅游地的旅游供给因素和客源地社会经济发展水平、风俗习惯等，都直接或间接地影响着旅游消费的数量和质量。

（六）旅游消费具有多样性

由于人们的旅游动机不同，选择旅游活动的形式也千差万别，不同形式的旅游活动必定有不同形式的消费水平、消费范围和消费结构。同时，每种旅游活动消费的物质产品和服务也大相径庭。因此，旅游消费具有多样性的显著特点。

（七）旅游消费具有互补性和替代性

从旅游消费的综合性特点可以派生出旅游消费的互补性和替代性的特点。旅游消费的互补性指一项旅游消费的实现必然伴随着其他项目旅游消费的产生。如旅游者到某地旅游，除了要支付景观游览费外，还要支付住宿费、餐饮费等。旅游消费的互补性特点要求有关部门及企业互相配合、加强合作，才能提高综合经济效益。旅游消费的替代性指旅游消费对象的各个构成部分之间具有相互替代的性质。

第二节　旅游消费的作用

一、旅游消费是最终消费，是直接提高国民福利的消费

旅游者在旅行过程中的各种消费，都是处于不同产业链最终端的生活消费，在居民消费支出中占有相当比重。2008 年全国国内旅游收入 8 749 亿元，相当于全年社会消费品零售总额的 8.1%；到 2015 年，旅游消费在居民消费中的比重有望达到 10%。旅游消费也是需求导向型消费，它包括旅游、休闲、体育、娱乐、文化等所有相关领域的消费活动，都是直接满足居民需求的消费形式。与生产过程的中间消费相比，旅游消费反映了社

会的真实需求和消费意愿，不会产生产能过剩、效率损失等负面经济影响，是一种对扩大消费需求、提升国民福利有直接促进作用的消费。

二、旅游消费是发展性消费，具有广泛的社会功能

旅游消费是人们进入小康乃至富裕阶段之后较高层次需要的表现形式，是新型的高级消费。扩大旅游消费，不仅仅可以实现拉动内需、培育形成新的经济增长点、促进现代服务业发展等经济功能，还可以提高居民的生活品质、提升公民道德和文化修养、创造多层次多样化的就业岗位、传承和发扬优秀传统文化等，这些都是在经济功能之外非常广泛的社会功能。尤其是在经济困难、失业加剧时期，放松身心、积累学识和培养新的技能等积极的旅游休闲形式成为首选，成为人力资本积累和再生产的重要途径。为拉动内需、促进消费，目前我国各级政府高度重视发展旅游产业，已经有 27 个省（自治区、直辖市）把旅游业作为地方支柱产业或主导产业或龙头产业。

三、旅游消费是综合性消费，对带动相关产业发展作用巨大

旅游活动的综合性，决定了旅游消费是一种融合各种物质消费、服务消费与精神消费为一体的综合性消费。旅游消费对象既包含着物质的因素，也包含着精神的成分；既有实物产品，又有活劳动表现出的服务；既有劳动产品，又有非劳动的自然创造物。由于消费对象的广泛性，旅游消费与交通、住宿、餐饮、商业、景区景点等 110 多个行业直接相关，涉及工业、农业以及信息、金融、保险、医疗、环保服务等产业门类，因此具有显著的波及效应和倍增效应。据测算，旅游收入每增加 1 元，可带动相关行业增收 4.3 元。由此可见，旅游消费具有“四两拨千斤”和“牵一发而动全身”的特殊功能，是启动扩张社会总消费、带动相关产业发展和经济规模增长的有效途径。

四、旅游消费是多层次消费，可满足多样化消费需求

（1）旅游消费兼具“基本消费”和“非基本消费”的特点，旅游产

品具有“必需品”和“奢侈品”的双重属性。从“必需品”来看，旅游消费具有一般性的六要素，其旅游需求价格弹性小，能够保证相应稳定规模的有效需求；从“奢侈品”来看，邮轮游艇、高尔夫、高端度假等旅游类型需求价格弹性大，能够随着人们可支配收入的提高而迅速增长，是扩大总需求的潜力所在。

（2）旅游活动在形式上的灵活性和内容上的多样性，使得旅游消费在消费的类型、方式、水平、数量上都具有多层次性。

只要有出游愿望，可以根据消费者自身的经济实力和时间许可，选择从几十元到上千元乃至数万元的旅游产品，能够适应不同收入水平、不同偏好、不同国家和民族的各类人群的需求，即使预期收入有所下降，人们仍然能够通过降低标准进行旅游消费而不是完全取消。因此，旅游消费具有广泛的适应性和巨大的增长潜力，对于改善居民消费结构、满足大众日益增长的多样化消费需求具有重要意义，是立足发展、面向未来的消费形式，可以推动居民消费结构升级。

五、旅游消费是可重复性消费，增长潜力巨大

旅游消费与房地产、汽车以及其他耐用品消费的另一不同特征是可重复性，促进空间较大。通常家庭购买一辆汽车将使用十余年，一套房子的使用周期更长达二三十年或更长时间，但是旅游可在短时间内反复消费。目前，发达国家居民一般每年出游 3 次以上，而中国居民即便是城镇居民每年出游还不到 2 次，相比之下，我国国民旅游消费潜力才刚刚开始释放。随着我国经济的持续增长、居民收入的不断提高和闲暇时间的不断增加，人们将更加重视生活、生命质量以及自身的全面发展，会把更多收入和时间用于旅游、健身、游戏、艺术、影视文化、教育等相关活动，人均出游频率将会逐步提高，旅游消费也将随之增加，并在居民消费支出中占据更大的比例。

六、旅游消费是可持续性消费，有利于促进可持续发展

除多层次与可重复性的特点外，旅游消费的可持续性还源于其绿色消费的特征。旅游活动主要依托自然风光、人文古迹、民族民俗风情等资

源，与工矿业相比几乎没有原料耗费，只要组织管理得当，旅游消费就可以成为环境友好型、资源节约型消费，具有持续增长的资源环境基础。这具体表现在：一是旅游消费资源消耗少、环境成本低，一般不会对资源和环境产生直接的硬消耗，有利于自然文化资源和生态环境的永续利用；二是发展旅游可以替代部分资源消耗大、污染重的传统产业，从而减轻污染排放、减少生态破坏；三是发展旅游消费可以为生态脆弱区和贫困地区的环境保护提供必要的资金支持；四是发展旅游消费可以增强地方政府和当地群众的生态环境保护意识。

第三节　旅游消费的影响因素和发展趋势

一、旅游消费的影响因素

影响旅游消费的因素很多，可以归纳为经济性因素和非经济性因素。经济性因素是影响旅游消费的具有决定性的物质因素，如居民经济收入、产品价格等。非经济性因素是影响旅游消费的一种复杂的综合性因素。下面将分别加以分析。

（一）居民经济收入

居民的消费需求主要取决于居民货币收入。当居民收入较少时，购买力较低。在其他条件不变的情况的情况下，对消费品包括劳务的需求也就较小；当收入大大增加时，购买力增加，在其他条件不变的情况下，对消费品的需求也大大增加。居民经济收入不仅影响需求量也影响需求结构，当居民经济收入较快时，对高档次、高质量的消费品的需求会增加较快，对享受资料、发展资料的需求会增加较快。改革开放以来，我国经济得到迅猛发展，居民经济收入增加，生活水平提高，第三产业尤其旅游业发展迅速，与此同时人们对旅游消费品和劳务的需求增加。

（二）旅游消费产品的价格

由于旅游消费者在一定时间内的收入水平有限，同时可供人们消费的旅游商品和劳务又总是以一定的价格形式表现出来的，旅游者为了满足旅游消费需要，必须根据自己的收入状况，根据不同商品和劳务的价格水平，在各种旅游商品和劳务之间进行选择。如果旅游者的偏好不变，对价格预期不变，就不会发生人们出于对未来价格变化较大担心而抢购等现象；再假定旅游者收入不变，如果旅游消费者能最大限度地满足多方面需要，主要依据各类旅游商品和劳务价格进行比较选择。无论价格总水平的变化或某些消费品价格的变化，都会影响到需求总量。马克思说："从量的规定性来说，这种需要具有很大伸缩性和变动性。它的固定性是一种假象。如果生活资料便宜了或者货币工资提高了，工人就会购买更多的生活资料，对这些商品就会产生更大的"社会需要'。"需要的"伸缩性和变动性"是什么，就是我们通常所说的需求的价格弹性。对不同的消费品来说，需求随价格变动的幅度是不同的。有的消费品价格稍有变动就会引起需求量很大的变化，有的消费品价格变化较大也不会引起需求量多大的变化，即它们的需求价格弹性是不同的。一般来说，必需品的需求弹性小（如粮食、食盐），非必需品的需求弹性大（如一些高档耐用消费品），旅游商品和劳务的需求弹性较大，因而旅游产品价格变化对旅游需求影响较大。

（三）餐饮、零售产业

旅游业由"吃、住、行、游、购、娱"六个要素构成，旅游消费需求不但受到居民收入水平、旅游产品价格的影响，也与"吃、住、行、游、购、娱"等产业要素的发展水平密切相关。相关研究结论表明社会消费品零售总额、批发和零售业、餐饮业，3 个变量的增长与国内旅游需求相关性较强，说明国内旅游需求受其影响较大积极扩大居民消费、发展与规范批零产业、餐饮业对提升国内旅游需求有较大的帮助。

（四）非经济因素

非经济因素包括的内容很多，诸如社会政治制度、人口结构、消费心理、消费习惯、民族传统等。这里只就人口、消费心理习惯和教育水平作初步探讨。

1．人口数量与人口结构

人口数量对消费需求的总量的影响极其明显，在其他条件不变的情况下，人口越多，人均国民收入越少，居民收入越低，消费需求也就越低。从单个家庭看也是如此，家庭人口数量决定着家庭的规模，影响着家庭负担系数。在家庭就业人口一定的情况下，家庭人口老龄化及小孩出生率高，则家庭负担系数大，每一家庭成员的需求低。人口结构包括年龄结构、性别结构、职业结构、地区结构及文化结构等。不同年龄、不向性别、不同职业、不同地区、不同文化素质的消费者各有其不同的消费需求，即人口结构的变化也相应带来消费需求的总量及其结构的变化。例如我国人口老龄化问题逐步升级，给家庭、社会都带来了一系列的社会道德问题、财政经济问题。因此，要多提供符合老年人需要的消费品，增加各种消费服务，健全社会保障体系，这样“银色消费”需求才必然增长。

2．消费心理和习惯

消费心理作为一种消费思维活动，指导和制约消费者的消费实践活动，消费心理的差异往往带来消费需求的丰富多彩。不同的阶层、性别、年龄、地区的消费者因为消费心理的不同而产生不同的消费需求。消费心理作为一种内在的主观因素影响着消费需求，消费风俗和习惯构成一个国家、一个地区、一个民族的消费者的消费行为外在客观条件。消费心理和习惯代表一种稳定的消费偏好。我国是地域广阔、多民族的国家，消费风俗与习惯的差异更为突出。如就食物消费而言，历来有“东酸西辣，南甜北咸”之别。因此，开展商品经营活动，要适应不同的消费心理、消费风俗、消费习惯，才能更好地满足各种不同的消费需求。

3．社会教育发展水平

社会教育发展水平以及在此基础上建立起来的消费者掌握知识的消费

需要的影响具体表现在四个方面：① 消费者受教育程度影响消费水平。社会主义是实行个人消费品按劳分配原则的。发胶教育能够提高劳动者的知识和科学技术水平，进而提高劳动者的能力和收入水平，缩小劳动者的收入差距，并使劳动者的收入水平得到提高，生活水平得到改善。② 消费者受教育程度影响消费结构。一般来说，消费者受教育程度越高，对精神生活的消费就越多，就会将有限的收入越多地用于购买精神生活资料和劳务的支出。消费者受教育程度的提高，一方面可以刺激一些新的、未受教育或教育程度较低的消费者所没有的消费需要；另一方面也能促使减少一些原有的、受教育程度越低的消费者通常所有的消费需要。③ 消费者受教育程度影响消费者购买的自觉性。由于受教育程度的提高，消费者对消费资料的物质技术性能以及人的生理和心理健康的影响情况就会有更清楚的了解。因为拒绝或购买菜种消费者的自觉性就更强些。④ 受教育程度还影响消费者的消费选择性和多样性。不同的教育给人以不同的价值观念、道德标准、欣赏水平和爱好。受教育程度越高，在选择精神产品时往往能够更自觉地按照自己形成的观念、偏好进行，以此增加消费支出的选择性和消费活动的多样性。

总之，我们要分析影响消费需求的因素，要分析这些因素的作用，考察需求总量和需求结构变化，揭示其发展趋势，以便及时调整产业结构，使之适应消费需求总量和需求结构的变化。

二、旅游消费需求的发展趋势

（一）旅游消费需求的上升规律

人们的消费需求是不断发展变化的，随着社会生产的不断发展，生产力水平的不断提高，消费需求从总体上呈现出逐步上升的趋势，这也就是我们通常所说的需求上升规律。它是科学技术不断进步、社会分工不断发展的客观要求和必然结果，需求上升规律的作用表现为需求总量的上升和需求结构的升级，表现为消费需要、消费需求层次的不断上升。需求上升规律是一切社会化生产条件下人们消费需求变化的普遍规律，旅游消费需求也符合这一规律。

（二）旅游消费需求的多元性

在高度发展的现代社会，物质产品的极大丰富，给人们带来了更多的选择空间，经济的发展也决定了消费需求多元化。多元性是消费者需求最显著的特征，由于人们的年龄、性别、职业、文化水平、经济条件、民族和生活习俗等个体特征的差别，旅游消费在需求的层次、强度、数量方面也表现出很大的差异性，使得需求具有多元性，这种多元性不仅体现在个人对消费需求的多样性，还体现在同一种消费需求对于不同消费者也不尽相同。

（三）旅游绿色消费

从20世纪70年代以来，绿色消费迅速成为各国人们所追求的新时尚。据有关民意测验统计，77%的美国人表示，企业和产品的绿色形象会影响他们的购买欲望；94%的德国消费者在超市购物时，会考虑环保问题；在瑞典，85%的消费者愿意为环境清洁而支付较高的价格；加拿大80%的消费者宁愿多付10%的钱购买对环境有益的产品。日本消费者更胜一筹，对普通的饮用水和空气都以“绿色”为选择标准。“绿色革命”的浪潮一浪高过一浪，绿色商品大量涌现，绿色服装、绿色用品在很多国家已很风行：瑞士早在1994年就推出“环保服装”；西班牙时装设计中心早就推出“生态时装”；美国已有“绿色电脑”；法国已开发出“环保电视机”。绿色家具、生态化的化妆品，也走入世界市场，各种绿色汽车正在驶入高速公路，使用木料或新的生态建筑材料建成的绿色住房也都已出现。总之，绿色消费已渗透到人们消费的各个领域，在生活消费中占据越来越重要的地位。

【本章小结】

研究旅游消费有着重要的意义。我们不仅仅是为了了解旅游消费的定义和作用，更多的是为了深入研究旅游消费在实际生活中的应用。

【思考题】

1. 旅游消费需要的定义是什么？
2. 旅游消费需要和消费需要有什么区别和联系？
3. 旅游消费需求的影响因素有哪些？

【本章推荐阅读书目】

[1] 宁士敏. 中国旅游消费研究［M］. 北京：北京大学出版社，2003.
[2] 刘菲. 旅游消费心理与行为［M］. 北京：经济管理出版社，2007.

【本章主要参考文献】

[1] 苏志平，徐淳厚. 消费经济学［M］. 北京：中国财政经济出版社，1997.
[2] 尹世杰. 消费经济学［M］. 北京：高等教育出版社，2003.
[3] 雷平，施祖麟. 我国国内旅游需求及影响因素研究［J］. 人文地理，2009（1）.
[4] 文启湘. 消费经济学［M］. 西安：西安交通大学出版社，2005.
[5] 贺小荣. 旅游消费的概念及其基本特征刍议［J］. 桂林旅游高等专科学校学报，1999（10）.
[6] 冯凌，吕宁. 论旅游消费的本质特征与功能特点［J］. 商业时代，2011（33）.
[7] 厉新建，张辉. 旅游经济学［M］. 北京：中国人民大学出版社，2006.
[8] 中国旅游研究院课题组. 2009 年前三季度旅游经济运行分析和全年趋势预测，2009.
[9] 白津夫. 扩大旅游消费，拉动内需增长［J］. 经济与管理研究，2009（12）.

第三章 旅游消费水平

【本章概要】

本章着重阐述了旅游消费水平的内涵，中外旅游消费水平的不同，旅游消费水平的衡量标准、影响因素，以及提高我国旅游消费水平的途径。

【学习目标】

●掌握旅游消费水平的概念以及性质，能够熟练地分析旅游消费水平。

●准确把握旅游消费水平的衡量标准。

●了解旅游消费水平的影响因素，正确地预测旅游消费水平的发展方向。

【关键性术语】

旅游消费水平；旅游者人数；旅游者人天数；旅游者停留天数；旅游消费的数量指标；旅游消费的价值指标；旅游消费的质量指标；旅游消费总额；旅游产品；旅游服务质量等

第一节 旅游消费水平的概念

旅游者消费和旅游消费这两个概念存在学术上的争议。旅游者消费包括在整个旅游过程中的食、住、行、游、购、娱等各项消费。旅游消费涵盖的内容更广，除了旅途中的消费，还包括旅行前、旅游后的消费，如行前购买相机、行后冲印相片的消费等。可见，旅游消费是旅游者消费的广义概念。

旅游消费水平指旅游者在旅游活动中消费旅游产品和服务的数量以及对旅游需要的满足程度和水平。旅游消费水平有狭义和广义之分。狭义的旅游消费水平指旅游者在旅游产品上的人均支出量；广义的旅游消费水平不仅包括人均旅游消费的支出数量，还包括对旅游产品消费的质量和层次，即反映旅游者对旅游需要满足的程度和水平。

第二节　国内外旅游消费水平

一、国内旅游消费水平

（一）国内旅游消费总体水平

总体来看，国内旅游市场总体消费水平偏低。目前，我国国内的旅游人数已达到世界第一，随着城乡居民收入的不断提高和带薪假期的日益增多，旅游消费收入近年来也有大幅增长，但旅游总体消费水平偏低，人均旅游消费水平与国际平均水平相比仍较落后。

目前，我国的人均国民生产总值（GDP）已经从20世纪90年代初的300美元发展到2003年的1 090美元，如果按照世界银行1999年提出的标准（中低收入国家人均GDP在756～2 995美元，中高收入国家人均GDP在2 996～9 265美元，高收入国家人均GDP在9 266美元以上），尽管中国有些发达地区的人均GDP水平已经达到世界中高收入国家的水平，但绝大部分居民仍处于低收入层面。据统计，2003年我国的国内旅游人数达到8.7亿人次，全国旅游收入达3 442.3亿元人民币，但人均消费仅395.7元人民币，与世界旅游消费的总体情况相比，仍低于世界平均水平。经济发展水平和生活方式决定消费水平，因此要想从根本上扭转旅游消费水平偏低的局面，还有待于经济的进一步发展和人民生活水平的进一步提高。

（二）我国城乡居民旅游消费水平

我国是一个二元结构比较明显且复杂的国家，在旅游业中也体现了这一点。我国城乡居民旅游消费情况有较大的差异，具体表现在两点。

（1）从旅游边际消费倾向上分析，我国农村居民家庭人均纯收入平均每增加1元，农村居民人均旅游消费支出平均增加0.62元；城镇居民可支配收入平均每增加1元，城镇居民人均旅游消费支出平均增加0.49元。从地区分布看，东、中、西部的农村地区居民旅游的边际消费倾向均高于城镇地区居民旅游的边际消费倾向。

（2）从城乡居民旅游消费支出占收入的比率变化趋势看，1999年之前，农村居民的旅游支出比率远远低于城镇居民的旅游支出比率，但一直呈现出较快的增长趋势。但1999年之后，该趋势明显下降。从整体增长趋势来看，城镇居民的旅游支出比率一直呈现出下降趋势。随着收入的增加，居民的旅游消费倾向在递减，同时，居民的旅游消费支出对居民收入的反应程度在逐渐降低。金融危机挫伤了居民的消费信心，居民收入受到一定的影响。但是经济增速的放缓不会导致居民放弃旅游活动，由于时间和心理需求因素短期内不会发生改变，出于缓解工作压力和寻求愉悦的心理需求，居民仍会选择“节约型”的旅游方式，尽量减少旅游消费支出。

表3.1 我国城乡居民旅游消费情况

年份	2003	2004	2005	2006	2007	2008	2009	2010	2011	2012
国内旅游总花费（亿元）	3 442	4 710	5 285	6 229	7 770	8 749	10 183	12 579	19 305	22 706
城镇居民国内旅游总花费（亿元）	2 404	3 359	3 656	4 414	5 550	5 971	7 233	9 403	14 808	17 678
农村居民国内旅游总花费（元）	1 038	1 351	1 629	1 815	2 220	2 777	2 949	3 176	4 496	5 028
国内旅游人均花费（元）	395.7	427.5	436.1	446.9	482.6	511.0	535.4	598.2	731.0	767.9

从表 3.1 中可以看出，2003—2012 年这 10 年里我国国内旅游消费总额大幅提高，特别是城镇居民的旅游消费花费提高特别大，消费水平得到了较大程度的提高。但农村居民的旅游消费增幅较小，并且相对城镇而言其消费花费很低，虽然农村居民现在的旅游消费越来越多，但可支配收入以及旅游地区物价等导致的农村居民的消费花费却较少，旅游消费水平较低。综合城乡两者以及人均旅游消费情况可以看到，我国现在人均消费花费偏低，城乡之间的差距很大。

二、国外旅游消费水平

根据联合国世界旅游组织（UNWTO）的统计数据，从 1950 年至 2011 年，全球国际旅游人次从 0.25 亿增加到 9.8 亿，增长了约 38 倍。2011 年的联合国世界旅游组织的最新数据显示：在 2011 年，全球国际旅游人数达到 9.8 亿人次，同比增长 4.4%；其中，发达经济体增幅（5%）超过了新兴市场（3.8%）。因此从总体来看，随着全球经济体的不断复苏，全球的旅游业得到了新的增长。具体来看，国外发达国家的旅游消费水平较高，一方面是由于欧美人民追求自由以及享受型生活方式所引起的对旅游的热爱，另一方面是由于欧美国家经济实力强，不仅旅游业较发达和成熟，而且居民可支配收入较高，能够承担绝大多数的旅游消费，因此欧美国家消费水平较高。新兴国家的旅游业也得到了快速发展，特别是中国、印度、巴西等国由于经济增长率较高，这些国家的旅游消费水平在一定程度上有所提高。

这里重点了解一下国外游客到我国入境旅游的一些游客情况（见表 3.2）。

表 3.2 国外旅客入境旅游相关情况 （单位：万人次）

年份	2003	2004	2005	2006	2007	2008	2009	2010	2011	2012
外国人入境游客	1 140	1 693	2 025	2 221	2 610	2 432	2 193	2 612	2 711	2 719
男性外国人入境游客	778	1 120	1 321	1 435	1 656	1 560	1 430	1 678	1 745	1 737
女性外国人入境游客	361	572	704	785	953	871	763	933	965	981

续表 3.2

年份	2003	2004	2005	2006	2007	2008	2009	2010	2011	2012
会议/商务外国人入境游客	290	386	459	554	696	567	523	619	632	628
观光休闲外国人入境游客	430	741	934	1 133	1 314	1 203	1 013	1 238	1 221	1 162
探亲访友外国人入境游客	24	37	40	17	7	6	8	9	10	10
服务员工外国人入境游客	286	269	246	227	243	233	209	201	175	152

从外国游客的入境人数来看，从2003年到2012年国外的入境游客总人数翻了一倍；男性外国游客比女性外国游客多出了差不多一倍的数量。从国外游客到我国入境游客的性质看，绝大多数的游客主要是观光休闲的，其次是参加会议或者由于商务原因到我国进行旅游。以上可以看出，中国受外国游客的欢迎且外国游客数量上是不断增长的；由于观光休闲旅游花费较多，因此外国游客在我国入境旅游消费是较高的。

第三节　旅游消费水平的衡量标准

为了全面反映旅游消费水平的数量和质量，旅游消费水平的指标体系应该包括旅游消费的数量指标、旅游消费的价值指标和旅游消费的质量指标等。

一、旅游消费数量指标

旅游消费作为一种特殊的消费形式，它既包括实物形态的物质产品消费，又包括非物质形态的精神与服务产品的消费。由于旅游产品构成要素的多样性，以及统计和分析的需要，旅游产品消费的数量指标通常以旅游者人数、旅游者人天数和旅游者停留天数等表示。

（一）旅游者人数

旅游者人数指一定时期内旅游目的地国家或地区接待的旅游者总人数。一般地，在人均旅游消费支出一定的情况下，旅游者人数越多，旅游消费总量越大。因此，旅游者人数反映了按旅游人数计算的对旅游产品购买和消费的总规模和水平，是旅游消费数量的基本统计指标之一。在数值上，旅游者人数等于旅游者人天数除以旅游者平均停留天数。

（二）旅游者人天数

旅游者人天数指一定时期内旅游目的地国家或地区接待旅游者的总天数，反映了按旅游天数计算的对旅游产品购买和消费的总规模和水平。它既体现旅游消费的人数，又体现了旅游消费的天数，是旅游消费数量最基本的统计指标。

（三）旅游者停留天数

旅游者停留天数指一定时期内旅游者在某旅游目的地国家或地区停留的时间。一般地，游客在旅游目的地停留时间越长，他对旅游产品的消费越多，其旅游消费水平越高；反之亦然。由于旅游者停留时间长短不一，为了方便统计和计算，实际计算时一般采用旅游者平均停留天数作为指标。

此外，虽然旅游者在旅游过程中也有物质产品的消费，如餐饮食品、旅游商品等，但由于这些物质产品的消费种类繁多、千差万别，很难一一进行分类统计，因而通常统计和计算人均旅游消费支出。

二、旅游消费价值指标

旅游消费的价值指标指用旅游者的消费支出来综合反映旅游者在旅游目的地国家或地区消费旅游产品的规模和水平。在一定时期内，旅游者在旅游目的地的消费支出越多，旅游目的地国家或地区的收入就越多。因此，可以通过分析旅游者在旅游目的地的消费支出来衡量旅游目的地的旅游消费水平。通常用来反映旅游消费价值指标主要有旅游消费总额、人均旅游消费支出额和旅游消费率等。

旅游消费总额指一定时期内，旅游者在旅游目的地国家或地区进行旅游活动过程中所支出的货币总额。它从价值形态上反映了旅游者对旅游目的地旅游产品消费的总量。由于旅游业是一个综合性产业，涉及交通、住宿、餐饮、娱乐、购物、游览等多领域的行业和企业，因而对旅游消费总额的计算应采用抽样调查和常规统计相结合的方法，即通过抽样调查得到人均旅游消费支出，再同常规统计的旅游者人数相乘而得之。同时，由于消费者的支出就是生产者的收入，因而旅游消费总额从旅游目的地的角度看就是其旅游收入。

人均旅游消费支出指一定时期内，所有旅游者在某个旅游目的地国家或地区的平均旅游消费支出的货币金额。它反映了旅游者整体在某旅游目的地的平均消费水平，也是旅游经营者开拓旅游市场和开发旅游产品的重要依据。人均旅游消费支出一般是通过抽样调查得到的，但是在已知旅游消费总额的情况下，也可以根据旅游消费总额和旅游者人数来计算。

旅游消费率指一定时期内，某个旅游客源地国家或地区旅游者消费支出同该国家或地区个人消费支出总额的比例。它从价值角度反映了一个国家或地区在一定时期内旅游者的旅游消费强度和水平。掌握旅游客源国的旅游消费率，对于旅游目的地国家或地区开拓旅游客源市场具有十分重要的意义。

三、旅游消费质量指标

旅游消费质量指标，是旅游产品内容、旅游服务标准、旅游环境状况等相结合的质的规定性，它反映了旅游者对旅游消费对象、消费内容、服务水准和消费环境的感受和评价。一般地，旅游消费质量指标可以从生产和消费两方面来分析。

从生产方面看，旅游消费质量主要表现为旅游企业按照一定的标准和要求，向旅游者提供相应质量的旅游产品和服务。这些标准和要求通常由国家和行业协会制定和颁布。如不同的星级旅游饭店具有不同的服务内容和标准，不同等级的旅游景区景点具有不同的内容要求和服务标准，不同的交通运输工具具有不同的服务特点和标准等。正是有了这些规范的服务内容和标准，旅游者才可能按照不同的旅游产品标准选择不同的旅游消费水平，并要求提供相应的旅游消费质量。

从消费方面看，旅游消费质量主要表现为旅游者对旅游产品消费的心理感受和评价。因为旅游产品是一种以服务性为主的产品，旅游消费是旅游者对旅游服务的精神消费过程，不同的旅游者对旅游服务质量往往会有不同的感受和评价；同时，旅游者在不同时期对旅游服务质量也会有不同的要求。因此，旅游企业一方面要按照一定的标准和要求，向旅游者提供相应质量的旅游产品和服务，另一方面要根据游客的消费反馈不断调整和提高旅游服务质量。

第四节　旅游消费水平的影响因素

旅游消费行为同其他消费行为一样，有其自身的特点和规律。影响它的因素很多，大体上可以分为两类：经济因素和非经济因素。当然，非经济因素包括动机、态度、个性特征、旅游者所处的团体、闲暇时间和信息等，这里对这些非经济因素不作过多的讨论，我们所关心的是影响旅游消费的经济因素。

影响旅游消费水平的经济因素众多，如旅游者的收入水平、旅游产品的供给结构、旅游产品的价格和质量、旅游者需求构成等，都会对旅游消费水平产生不同程度的影响。以下这些因素对旅游消费水平有着较深刻的影响。

一、可支配收入

收入水平决定一个潜在的旅游者能否实现旅游及其消费水平的高低。

根据凯恩斯提出的消费理论，可支配收入是影响消费支出最重要的因素，实际消费与实际收入之间存在稳定的函数关系。在其他条件不变的情况下，消费及旅游消费与可支配收入之间存在着正向的变化关系，即居民的可支配收入增加，消费量相应增加。但消费的增长低于收入的增长，即边际消费倾向递减。

二、最终消费率（平均消费倾向）

最终消费率即平均消费倾向，是在任意收入水平上消费支出在可支配收入中的比率。最终消费率的变化对于消费者行为会产生较大的影响，并随收入的上升而下降。较高的最终消费率，表明消费在人们的收入中所占的比重较大，人们愿意把大部分的收入用于消费，进而也会提高人们在旅游上的消费支出；反之亦然。

三、物价水平

物价水平会导致居民的消费倾向的改变，旅游产品的价格及其变化影响着旅游者的消费行为。经济学的需求规律同样也反映在人们对旅游产品的购买上。较高的物价水平会降低人们的实际收入水平，进而降低人们的实际购买能力，抑制消费；反之亦然。

四、利　率

银行存款利息率的变化对于消费行为会产生较大的影响，会改变消费者在消费与储蓄之间的选择。但现代西方经济学家认为，提高利率是否会增加投资，抑制当前消费，要根据利率对储蓄的替代效应和收入效应而定。就低收入者而言，利率越高，主要发生替代效应，因此利率提高会增加储蓄，抑制消费；就高收入者而言，利率提高，主要发生收入效应，从而可能较少储蓄，增加消费。

第五节　旅游消费函数

一、旅游消费函数的定义

旅游消费函数指旅游者的消费支出与决定旅游消费的各种因素之间的依存关系。决定旅游消费水平的因素很多，如收入、财产、利率、收入分布等，其中收入是最根本的因素。旅游消费函数反映了旅游者的消费支出与决定消费的各种因素之间的依存关系，是旅游消费者行为数量研究的重要组成部分。因此，旅游消费函数实质上是旅游消费与旅游者收入之间的函数关系。

二、旅游消费函数模型

旅游消费函数模型首先借鉴了英国经济学家J. M. 凯恩斯的消费函数模型。凯恩斯在《就业、利息和货币通论》一书中提出：总消费是总收入的函数。这一思想可用线性函数形式表示。凯恩斯消费函数将消费分为自发消费和引致消费。

自发消费指不受收入影响以及本能消费需要所形成的消费。在旅游经济中，自发消费指旅游者前往目的地进行旅游必须消费的基本项目，如游览消费、住宿消费、餐饮消费以及旅游交通消费等，这是旅游者发生旅游活动的自发消费，也是基本消费和必须消费。

引致消费指受收入因素和边际消费倾向影响所形成的消费。这一类消费属于潜在消费，指旅游者在旅游目的地受旅游产品、旅游商品以及等其他的影响发生的娱乐、休闲、购物等方面的旅游消费，也可以称为旅游活动中发生的引致消费。

设 b 为边际消费倾向，Y 为收入，则有：

总消费 = 自发消费 + 引致消费

即　　$C_t = a + bY$

式中：C 表示总消费，Y 表示总收入，t 表示时期，a、b 为参数。$a>0$ 表示短期内无论个人有无收入都要消费；参数 b 称为边际消费倾向，其值介于0与1之间，$0<\frac{dC_t}{dY_t}=b<1$，$\frac{d^2C_t}{dY_t^2}<0$，即边际消费倾向是小于1的正数且递减。其公式为：$APC=\frac{C_t}{Y_t}=\frac{a}{Y_t}+b$，$a>0$，$b>0$。显然 $b<APC=\frac{C_t}{Y_t}+b$，即边际消费倾向小于平均消费倾向。

凯恩斯的这个消费函数仅仅以收入来解释消费，被称为绝对收入假说。这一假说过于简单粗略，用于预测时误差较大。长期以来，它也是学术界不断进行研究讨论的一个命题。在凯恩斯提出绝对收入消费函数以后，消费函数理论得到了不断的充实与发展，杜森贝里、弗里德曼、莫迪利安尼提出了相对收入、持久收入等消费理论，在进一步的实证检验中，这些消费函数理论逐渐暴露出其缺陷与不足。霍尔将理性预期理论引入消费函数，提出了理性预期生命周期假说。罗素·戴维森等则提出了误差修正机制，在前面理论的基础上提出了目前在国际上广泛应用的随机漫步假说和误差修正机制消费函数。

三、消费函数假说

（一）绝对收入假说

凯恩斯在深入分析影响消费的主、客观因素的基础上建立了消费函数理论。他认为，消费支出的多少与收入的高低水平密切相关，收入的绝对水平决定消费水平，因此，凯恩斯的消费函数一般称之为绝对收入假说。其基本思想是：现期消费随现期绝对收入的变化而变化，并且边际消费倾向递减。

凯恩斯的绝对收入假说是假定消费是人们收入水平的函数，其基本公式是：

$$C = \alpha + \beta Y_t$$

式中：C 为现期消费，α 为自发性消费即必须要有的基本生活消费，β 为边际消费倾向，Y_t 为即期收入，βY_t 表示引致消费。它的基本含义为：消费是自发消费和引致消费的和，消费者的消费主要取决于即期收入。

其表达的主要观点包括：

（1）边际消费支出是实际收入的稳定函数。短期内消费支出的变化，主要是由收入变化引起的，而不是由消费支出与收入之间比例关系的变化引起的。

（2）边际消费倾向为小于1的正值，即消费随收入的增加而增加，但小于增加的收入。

（3）边际消费倾向随收入的增加而递减。

凯恩斯认为这是一条先验的心理规律，随收入的增加人们会增加其消费，但消费的增量小于收入的增量。凯恩斯之前的经济学家在分析消费问题时，主要从微观经济学角度分析个体消费者行为，主要阐述在收入水平既定时消费是价格的函数。凯恩斯第一次将消费与收入联系起来，从宏观经济学角度提出消费支出是收入水平的稳定函数，这扩大了消费分析的视野。并且，由于总量消费是个体消费的总和，消费函数理论的建立与发展，便于通过微观消费者的行为来解释宏观经济特征。但是，绝对收入假说的最大缺憾是缺乏经验研究的实证，而是以心理分析为基础，这便产生了假说的一些结论与经验事实的矛盾（即“消费函数之谜”）。后来的经济学家在对“消费函数之谜”的解释中不断提出了各种新的消费函数理论。

（二）相对收入假说

相对收入假说是由美国经济学家杜森贝利在《收入、储蓄和消费者行为理论》（*Duesenberry*, 1949）一书中提出的。杜森贝利首先对凯恩斯消费函数中关于消费者行为的假设做了修改：①消费者的偏好是互相影响的（而不是相互独立的），用偏好相互依赖假设代替偏好独立假设；②消费者的消费行为是不可逆的。由于偏好相互影响，消费者的效用函数也会变化。

独立偏好下的消费者效用函数为：

$$U_i = U(C_i)$$

式中：U_i是消费者 i 通过支出 C_i而获得的效用。此式表明，消费者的效用取决于其消费支出的多少。

但在偏好相互影响的假设下的效用函数为：

$$U_i = U(C_i, C_j)$$

此式表明，第 i 个消费者的效用，不仅受其自身消费支出的影响，同时也受其他人（如第 j 个消费者）消费支出的影响。

在上面的消费者行为假设的基础上，杜森贝利提出了相对收入假说，其主要观点如下：

（1）消费者的消费支出不仅受其自身收入的影响，而且在更大程度上受与其他人比较的相对收入的影响，不同消费者的收入及消费行为会相互作用，即消费具有“示范效应”或“攀附性”。

（2）消费者的消费支出不仅受自己目前收入的影响，而且也受自己过去收入和消费水平，特别是过去“高峰”收入和消费水平的影响，即消费又具有“不可逆性”或“棘轮效应”。

杜森贝利的相对收入假说消费函数可近似地简化为下式：

$$C_t = b_0 + b_1 Y_t + b_2 C_{t-1}$$

式中：C_t为现期消费支出；C_{t-1}为上期的消费支出；Y_t为现期收入；b_0为自发消费；b_1为边际消费倾向；b_2为本期与上期的消费比例。

概言之，杜森贝利认为，消费并非取决于现期绝对收入水平，而取决于人们的相对收入水平，即人们在收入分配中的相对地位及历史上曾有过的最高收入水平。消费的“示范效应”揭示了人们消费行为的相互影响的事实；“棘轮效应”证明了长期中平均消费倾向的稳定性，解释了“消费函数之谜”。但假说强调消费不对称性不能令人信服，难以解释短期中消费波动的原因。因为从实际情况看，短期内消费是随收入变动的。

（三）生命周期假说

生命周期假说是由美国经济学家莫迪利安尼和布伦贝格等共同提出来的，又称消费与储蓄的生命周期假说。该假说的中心论点是：每个人都根据他自己一生的全部预期收入来安排他的消费支出，各家庭在每一时点的消费和储蓄决策都反映了该家庭谋求在其生命周期内达到消费的理想分布，而各个家庭的消费要受制于该家庭在其整个生命周期内所获得的总收入。

莫迪利安尼在深入分析消费与劳动收入、储蓄、财产存量的基础上，提出生命周期假说的总消费函数表达式：

$$C_t = b_1 Y_t + b_2 Y + b_3 A_t$$

式中：C_t 为现期平均消费；b_1 为现期收入的边际消费倾向；Y_t 为现期平均收入；b_2 为未来预期平均收入的边际消费倾向；Y 未来预期平均收入；b_3 为现期财产的边际消费倾向；A_t 为现期财产。他们的实证结论是，b_1 和 b_3 的值要比 b_2 的值小得多。

以上说明，消费水平主要取决于预期总收入，虽也受现期收入与财产的影响，但影响较小。生命周期假说是莫迪利安尼最重要的贡献之一，这一假说同时解释了长期消费函数的稳定性及短期中消费波动的原因，包括理论分析、经验验证与政策含义，具有较强的说服力，受到高度评价与重视。但假说中一些脱离现实的假设条件（如不考虑价格变化的影响、储蓄无利息、工作期与预期寿命确定等）受到较多的批评。比如，遗产问题，表明收入并没有被全部消费；又如，人们储蓄动机常是多元化的，可能为了权力和威望而储蓄，这是对生命周期论“为了将来消费而储蓄”动机完全不同的解释，是对生命周期理论的挑战。

（四）持久收入假说

持久收入假说是由美国经济学家弗里德曼提出的。该假说认为，消费者的消费支出主要不是由他的现期收入决定的，而是由他的持久收入决定的。所谓“持久收入”，指消费者可以预计到的长期收入，即他一生中可得到的收入的平均值。其基本观点可概括如下：① 人们的收入可分为一时收入与持久收入，一时收入指暂时的、偶然性收入，持久收入指连续的、较稳定的可预计的长期收入。消费也可分为一时消费与持久消费，一时消费指间或的、偶然性消费，持久消费指持续的经常性的消费支出。② 人们的消费水平并非取决于短期的实际收入，而取决于长期的、持久的收入。③ 一时的、经常性的短期收入变动只有在影响持久收入水平时，才会影响消费水平。

假说的基本内容可用以下三个方程式表示：

$$C_p = k(i, w, u) Y_P \quad (3.1)$$

$$Y = Y_p + Y_t \quad (3.2)$$

$$C = C_p + C_t \quad (3.3)$$

（3.1）式表明，持久消费 C_p 是持久收入 Y_p 的函数，两者之间的比率系数为 k。但 k 的大小取决于其他一些变量，主要是利率 i，财富占收入的比例 w，影响消费者现期消费或积累财富的其他因素 u、Y、Y_p、Y_t 分别为总收入、持久收入和暂时收入；C、C_p、C_t 分别为总消费、持久消费和暂时消费。在持久收入假说中，要求消费者必须是理性的，而且未来的外在环境能自由借贷是稳态的、可以预期的，消费者能在其一生中平滑其消费。这显然与现实有很大的差距。

第六节 提高旅游消费水平的途径

一、加强旅游产品的开发

提高旅游消费水平，首要任务是吸引更多的旅游者，而吸引旅游者的关键是必须开发符合旅游者需要的、具有吸引力的旅游产品。例如，观光旅游者喜欢旖旎的自然风光和多彩的民族风情，文化旅游者喜欢悠久的历史文化和独特的文物古迹，度假旅游者注重优美的生态环境和丰富的娱乐活动。因此，针对旅游者需要加强旅游产品的开发，吸引大量的旅游者并满足各类旅游者的需求，是不断增加旅游者数量和扩大客源市场的关键。

提高旅游消费水平，要根据旅游消费的发展趋势进行旅游产品开发，突出旅游产品的特色，发展适销对路的旅游精品，完善和配套旅游基础设施，提高旅游服务质量和水平，以此提高旅游目的地在国内外旅游市场上的知名度和影响力，增强在国内外旅游市场上的竞争力，招徕更多的国际国内旅游者。同时，通过提供丰富多样的旅游产品吸引旅游者，延长其停留时间，增加旅游消费支出，从而增加旅游目的地的旅游消费总水平。

二、制定合理的旅游产品价格体系

对旅游者来说，旅游消费有一个承受限度，一旦超出就会把旅游产品的消费转向其他替代品的消费，使旅游消费数量减少，使消费行为偏向度降低，反之，则会把其他产品消费转向旅游产品消费。因此，在旅游消费各环节中价格制定必须合理，这样才能扩大旅游者队伍，获得更多的经济效益。用价格杠杆进行市场调节要适度，要保持旅游淡季、平季、旺季三套价格体系的相对稳定性，从而有利于市场开发中各个环节的稳定衔接。旅游需求的价格弹性很大，尤其是“假日消费”替代性非常强，针对目前我国居民消费水平不高、内需不足的现状，应该将假日旅游定位于高消费的水平还是大众消费的水平，还值得深入研究。

三、开拓高素质客源，提高旅游者人均消费水平

提高旅游消费水平的另一途径是提高旅游者人均消费水平。在旅游者人数一定时，旅游者人均消费水平越高，旅游消费总体水平越高。因此，努力开拓高素质客源，招徕更多的高素质旅游者，不断提高旅游者人均消费水平，对提高旅游消费水平具有重要作用。这里的高素质旅游者，指需要层次高、消费水平高、消费素养高的旅游者。

需要层次高，指人们对旅游产品的内容和服务质量的要求高，不仅要求旅游活动的内容更加丰富多彩、类型多样，而且要求旅游服务质量能够更加优质化和个性化，能够充分满足每个旅游者的需要。这类旅游者更加重视发展和享受层次的旅游消费。随着人们收入水平和生活质量的日益提高，尤其是随着带薪假日的增多，这类客源市场在不断扩大。

消费水平高，指旅游者的人均消费水平高，尤其是需要层次高的旅游者通常都具有高消费的经济能力和条件。为了满足旅游者高消费的要求，必须进一步开发丰富多样的旅游产品，不断提高旅游设施质量和服务水平，丰富旅游活动的内容和形式，提供更为方便快捷的旅游交通和通讯条件，使旅游者能够在有限的旅游时间内产生更多的旅游消费支出。

消费素养高，指旅游者的文化素养和综合素质较高。高素养的旅游者具有更强的社会观念和环保意识以及文明的旅游行为。因此，开拓高素质旅游者市场，不仅有利于提高人均旅游消费水平，也有利于加强对旅游目的地生态环境和历史文化遗产的保护，减少大量旅游者进入所带来的负面

效应，而且有利于节约整个社会经济和环境保护成本，不断提高旅游业的经济社会效益。

四、提高旅游服务质量，增强旅游者的满意度

旅游产品是一种以服务为主的综合性产品，因此提高旅游服务质量是增强旅游者消费满意度的重要因素。由于旅游产品的构成一般包括食、住、行、游、购、娱等多种要素，旅游目的地必须不断改善整个旅游业的服务质量，才能不断提高旅游者在旅游目的地的旅游消费水平。

（1）提高民航、铁路、水运、城市等旅游交通服务的质量和水平，为旅游者提供方便、快捷、安全的旅游交通条件。

（2）提高旅游住宿和餐饮服务的质量和水平，满足旅游者的个性化需求，使旅游者在旅游目的地住得温馨、吃得舒心，真正具有“家外之家”的体验和感受。

（3）不断丰富旅游产品的内容，满足不同层次旅游者的多样性旅游需求，使每个旅游者在旅游活动中能够游览欢心、度假舒心、娱乐开心，充分享受旅游的愉悦和激情。

（4）积极开发各种旅游商品，尤其是加强对购物旅游资源的开发力度，加强旅游商品的市场营销和销售服务，使旅游者放心消费，从而激发旅游者进行更多的购物消费。这不仅是满足旅游者的旅游消费的要求，而且是提高旅游消费水平的重要内容。

（5）提高邮电通讯、金融汇兑、医疗保健、安全救援等旅游相关方面的服务质量和水平，为旅游者营造良好的旅游消费环境，增强旅游者对旅游目的地的满意度，塑造旅游目的地良好的旅游形象，从而促进旅游消费水平的提高。

（6）要提高服务效率，真正为旅游者提供方便，节省旅游者的时间。

五、旅游企业可开展消费者教育

旅游企业要引导旅游者的潜在需求，除了在市场上提供更多的旅游产

品供旅游者选择外，还要当好旅游者消费决策的参谋，向旅游者提供必要的知识和信息，帮助旅游者形成对产品和服务的合理评价和预期，提高消费者的满意度，对企业形成良好的印象，从而使企业扩大销售。国内旅游发展的初期，企业处于卖方市场，不考虑旅游者的需求，后来发展到只强调以顾客为导向、以顾客满意为最高宗旨的纯粹的经济行为，这些都不利于旅游业的持续发展。企业除了被动地适应宏观环境实现利润外，还必须主动地遵守社会伦理、维护法律和保护环境、引导旅游者选择多样化的旅游项目和旅游区域，维护旅游地的合理承载容量，保持供给的基本平衡。

六、提高旅游产品的技术含量，增强其竞争力

技术含量的高低对旅游产品质量有着决定性作用。要重视现代科学技术的应用，提高旅游产品的竞争力，这是满足和吸引旅游消费的重要手段。

（1）提升旅游景区景点开发、旅游商品开发、旅游交通运输、旅行社和旅游饭店服务及旅游教育等现代科技的应用能力和水平，努力提高旅游业的科技含量，以现代科技推动旅游业的发展。

（2）加快以国际互联网为主的旅游信息化的建设和发展，积极推进旅游网络促销、旅游电子商务、旅游远程教育的步伐，充分利用旅游信息网来加大对旅游市场的开拓力度，提高招徕旅游者的能力和水平。

（3）加强对旅游从业人员应用现代科技能力的培养，培养一批能够充分应用现代科技、通晓国际事务、精通国际经营、外语水平高、综合素质好的旅游人才，进一步提高旅游目的地的旅游服务和经营管理水平，不断提高旅游目的地在旅游市场的竞争力。

【拓展阅读】

优秀的旅游产品

旅游产品的开发创新要根据旅游类型、地方特色、产品个性进行具体设计，但首要原则还是尊重和满足市场需要。只有充分认识市场，充分发掘和展示产品的内涵与个性，突出文化，打造品牌，旅游产品才能在越来越激烈的竞争中开拓并占领一方市场。表 3.3 是我国观光旅游中较为成功的旅游产品。

表 3.3 我国观光旅游中成功的旅游产品

旅游大类	旅游小类	例子	形式	特色	成功要素
观光旅游	产品价值深挖掘	少林寺	秘籍公开、网络宣传、拍摄影视、少林功夫表扬等	将众人眼中神秘的少林寺展示给大家，将少林功夫、少林文化尽力彰显	利用少林的名声和少林功夫的表演极大地吸引了游客，满足了游客的好奇和渴望近距离感受的心理
	文化实景演出	桂林阳朔印象刘三姐	利用山水实景、融合民歌民俗	夜间的观赏项目，山水实景，文化内涵深，科技性强，景象壮美宏达、引人入胜，并且带动了系列相关产品的发展	开发了诗经民俗相结合的先例，成功打造了品牌。真实山水、真实人物极大地满足了游客探究当地风景、文化的要求，创造了视觉盛宴
观光旅游	新观光项目	奥林匹克公园	参观奥运场馆，游览奥运公园	感受奥运文化，欣赏超凡的场馆建筑和气派的公园，激发民族自豪感	奥运会的产物，祖国的新地标，满足了人们对于北京奥运的追求和向往
		天津航母	打造以航母为中心的休闲区	参观航母	满足人们特别是青少年的好奇心，有教育意义
	主题项目	欢乐谷	主题型游乐场	高科技的各种旅游设施、仿真的童话般的环境、观赏娱乐兼备	环境浪漫吸引人，丰富的游乐项目满足青少年的愿望
		西安大唐芙蓉园	唐文化主体观赏园	全仿真的唐式园林、高科技的水幕电影、盛唐主体演出	满足人们对古代生活的好奇及体验皇室文化的愿望，充分展现唐文化，游览休闲观赏俱佳

表 3.3

旅游大类	旅游小类	例子	形式	特色	成功要素
观光旅游	板块旅游	绍兴	文化城市	古城、水乡、历史、文化相结合，植根于城市生活，并形成了多项自身独有的文化类型，造就了这座独具美丽的生活化文化城市	满足人们对水乡古城和历史文化的双重追求，多种文化丰富人们的视野，文化与生活的融合让人们体会到前所未有的真实和淳朴
		成都	休闲城市	美食、美景、娱乐，充分休闲的生活氛围，进去就不想离开	美食、娱乐、休闲的城市氛围满足了人们对闲适安逸生活的向往
观光旅游	区域旅游	喀斯特	三省联合、世界遗产项目	天然喀斯特地貌	三省联合，重磅推出，众美景集体提升了这个区域的吸引力
		香格里拉	三省联合、联手打造	人间仙境、世外桃源的美景和氛围	该区域的自然资源能够满足人们对香格里拉的向往，使其体会到大自然的美好

【本章小结】

旅游消费函数受旅游消费者的可支配收入的刚性约束，是随着旅游经济活动的发展而产生的，是对旅游消费经济活动的理论概括。研究旅游消费经济活动过程中的经济现象、经济关系和经济规律，对指导旅游消费经济的发展有重要的意义。

【思考题】

一、名词解释

1. 旅游消费结构指数
2. 消费函数
3. 相对收入假说
4. 绝对收入假说

二、论述题

1. 试论述影响旅游消费的因素。
2. 试论述旅游消费与旅游产业之间的关系。
3. 旅游消费结构指数法的特点有哪些？

【本章推荐阅读书目】

[1] 罗明义. 旅游经济学 [M]. 天津：南开大学出版社，2009.
[2] 赵晓燕. 旅游经济学 [M]. 北京：经济管理出版社，2001.
[3] 王大悟. 新编旅游经济学 [M]. 上海：上海人民出版社，2000.
[4] 张建萍. 生态旅游理论与实践 [M]. 北京：中国旅游出版社，2001.

【本章主要参考文献】

[1] 刘肖梅. 旅游资源可持续发展与管理导论 [M]. 济南：山东大学出版社，2010.
[2] 杨桂华，陶犁. 旅游资源与开发 [M]. 昆明：云南大学出版社，2010.
[3] 吴国清. 旅游资源开发与管理 [M]. 上海：上海人民出版社，2010.

第四章　旅游消费结构

【本章概要】

本章着重阐述了旅游消费结构的内涵及分类，旅游消费结构合理化的标准，衡量旅游消费结构合理化的因素指标，影响旅游消费结构的因素，旅游消费与旅游产业的关系，旅游产业发展中旅游市场呈现的旅游消费特征，旅游消费的效应评价及测评方法，以及优化旅游消费结构的路径。

【学习目标】

●了解旅游消费结构构成。

●了解影响旅游消费结构的因素。

●了解旅游产业发展过程旅游消费结构的特征。

●了解旅游消费效应评价对旅游产业发展的重要作用。

●掌握旅游消费效应评价的方法。

【关键性术语】

旅游消费结构指数；旅游消费偏离份额；扩展线性支出函数

第一节　旅游消费结构的内涵及分类

一、旅游消费结构的内涵

旅游消费结构指旅游者在旅游过程中所消费的各种类型的消费资料（物质产品、精神产品、服务）及相关旅游消费资料的比例关系。

二、旅游消费结构的分类

（一）按满足人们旅游需求的不同层次分类

按满足人们旅游需求的不同层次分类，人们的旅游消费可分为生存消费、享受消费和发展消费。旅游者在旅游过程中的消费具体又可以分为餐饮、娱乐、游览、住宿、交通等方面的消费，其中食、住、行是满足旅游者在游览中生理需求的消费；观赏、娱乐、学习等消费则是满足旅游者精神享受和智力发展的需要。国际旅游业发展经验表明，随着生活水平的和社会进步程度的提高，在旅游消费层次结构中，生存资料的比重会逐渐下降，发展资料和享受资料的比重会逐步上升，需求结构也会随之发生改变。在现实生活中，这两种消费往往相互交错，同时进行，在旅游活动中难以区别和划分界线。在满足旅游者生存需要中必须满足其享受和发展的消费，而在满足旅游者享受与发展的需要中又掺杂着其生存需要的满足。

（二）按旅游消费资料的形态分类

按照旅游者在旅游活动中的消费形态，可把旅游消费划分为物质消费和精神消费两种。物质消费指旅游者在旅游过程中所消耗的物质产品，如客房用品、食物、饮料和购买的纪念品、日用品等实物资料。精神消费指供旅游者观赏、娱乐的山水名胜、文物古迹、古今文化、民俗风情等精神产品，还包括在旅游活动的各环节中所享受到的一切服务性的精神产品。这一分类也具有相对性，因为物质消费如达到了旅游者的满足，旅游者在精神上会感愉快；精神消费虽主要是满足旅游者的精神需要，但其中不少是以物质形态而存在的。

（三）按旅游消费对旅游活动的重要程度分类

根据旅游消费的重要程度，一般可将旅游消费分为基本旅游消费和非基本旅游消费。基本旅游消费指进行一次旅游活动所必需的而又基本稳定的消费，如旅游住宿、饮食、交通游览等方面的消费；非基本旅游消费指并非每次旅游活动都需要的并具有较大弹性的消费，如旅游购物、医疗、通讯消费等。

（四）按旅游目的地和客源国等进行综合分类

在对旅游消费结构分析中，通常把上述分类有机结合，并根据不同的旅游目的地、不同国家或地区的旅游者、不同的旅游类别以及不同的旅游季节的旅游开支分配进行综合分类，从而为旅游市场研究提供科学的依据。

第二节 旅游消费结构的合理化

一、旅游消费结构合理化的标准

（一）旅游消费多样化

旅游消费多样化指旅游消费的内容要丰富多彩，方式要生动活泼、多种多样。因为旅游实际上就是人们花钱买享受，它要求使旅游者玩得痛快、充实、高尚和有益，那么供旅游者选择的旅游消费内容和旅游活动方式，就必须能满足旅游者各种各样的需要，既要有观光游览、休闲度假的旅游设施，又要有各种能让旅游者参与其中、亲身体验的旅游项目；既要有利于旅游者消除疲劳、增进健康，又要有利于旅游者增长知识、开阔视野。因此，旅游消费多样化是旅游消费结构合理化的基本要求。

（二）旅游消费结构不断优化

旅游消费结构是反映旅游者在旅游过程中所消费的各种类型的消费资料（物质产品、精神产品和服务）的比例关系。旅游消费结构的优化，就是指在旅游消费中，食、住、行、游、购、娱及其各自内部的支出比例要恰当，要体现出旅游消费的经济性、文化性以及精神享受等特点，这样才能最大限度地提高旅游消费的经济和社会效益，从而促进旅游者的身心健康和全面发展。

（三）旅游消费水平逐步上升

旅游消费是人们文化生活的组成部分，是一种包含较多精神内容的、高层次的生活方式。它的发展必然带给旅游者以新颖、舒适、优美、健康的感受；能够激发人们热爱生活、追求理想、积极向上、努力学习的情感和动力；能够不断提高人们的思想、艺术、文化修养，抵御各种腐败和不健康现象，用丰富多彩的旅游活动内容来充实旅游者的精神世界。因此，旅游消费水平越高，即旅游者在旅游活动中消费旅游产品的数量和对旅游需求的满足程度越高，意味着旅游消费结构越趋向合理。

（四）旅游消费市场供求平衡

受多种因素的影响和制约，旅游消费需求具有较大的弹性，而旅游产品的供给一旦形成，则具有一定的稳定性。所以，合理的旅游消费结构应能保证旅游消费需求与旅游产品供给相互适应、协调发展。一方面，应保证在旅游淡季和旅游“温冷点”地区仍有一定的旅游消费规模，以提高旅游设施、设备的利用率，充分发挥旅游消费对旅游生产的促进作用；另一方面，应保证在旅游旺季和旅游“热点”地区，旅游消费的水平和结构与旅游地的接待能力相适应。良好的旅游环境既是重要的旅游资源，也是旅游产品的重要组成部分，同时还是旅游消费得以顺利进行的必要条件。人们出门旅游的主要动机就是追求一个清新、优美、安全的自然环境和社会环境。因此，合理的旅游消费构成必须有利于保护环境和维持生态平衡，任何有害于环境保护或超越旅游资源承受能力的旅游消费项目都应受到限制。旅游消费结构的合理化是相对的，世界上没有一个统一的固定不变的合理的旅游消费结构模式。因此，应以上述合理旅游消费结构的原则为依据，结合一定时期的具体情况，科学地组织旅游产品的生产，正确地引导旅游消费，不断改变不合理的旅游消费结构，使旅游消费结构逐渐趋于合理。

二、衡量旅游消费结构合理化的因素指标

非基本旅游消费支出的高低，是衡量一个国家旅游业发达水平的重要标志，也是反映旅游消费结构是否合理的显性指标。国际上规定其最低警戒线为30%，而我国城镇居民旅游者的非基本旅游消费支出仅占消费总支出的20%左右。

影响居民旅游消费结构合理化的因素是多方面的，其中社会影响因素主要是民族的传统意识：提倡勤俭节约，抑制享受需求，重物质消费，轻文化消费。大多数旅游者的旅游消费注重吃、行、住，而对购物及娱乐享受方面的消费较为慎重。

然而在多种影响因素中，旅游产品的结构和质量是直接影响到到旅游消费结构合理化的关键因素。在“吃、行、住、游、购、娱”中各类产品的生产比例是否合理，各种产品的内部结构是否恰当，直接影响到旅游消费的数量和消费结构。在国民经济中向旅游业提供服务的各有关部门的组织结构如果不合理，不能形成相互协调、平衡发展的产业网，就会导致产品比例失调，造成旅游消费结构的不合理。

三、尽快引导旅游消费结构趋向合理化

（一）加强对购物旅游资源的开发，发展适销对路的旅游精品

要重视旅游商品的设计和研制，开发既具有我国传统文化特征和民族特色，又能激发旅游者美好回忆、显示旅游者生活经历、适应旅游者精神消费需求的旅游商品，如具有地方特色的高质量的旅游纪念品、工艺品、土特产品等。要提高服务效率，形成一批精品特色购物街，通过导游导购加强宣传力度，并尽快全面推行金融网卡的应用，增设销售网点，健全邮购、托运等体系，形成覆盖全国的经营网络，方便旅游者购买高品位的旅游商品。

（二）加强“娱”的基础建设，提高“娱”的旅游服务质量

从调查看，旅游者用于“娱”方面的消费非常低，仅为2%，说明我国的旅游条件远远不能满足旅游者文化娱乐的需求。现代社会，人们越来越追求旅游消费方式的娱乐性、趣味性、综合性，希望按照自己的兴趣、爱好和支付能力去选择自己向往的消费方式，“娱乐”消费的个性化也越来越突出。要为旅游者提供丰富多彩的活动项目，提高“娱乐”的文化品位和文化氛围，努力开拓具有地方特色、民族特色的高层次文化娱乐活动，如维也纳每年都吸引成千上万的旅游者，是因为这个世界“音乐之都”到处体现着富有特色的音乐氛围。我国有56个民族，民俗风情乃至民族服饰、歌舞均反映出优秀的民族文化，可以进一步开发这些民族风情娱乐产品，扩大旅游者“娱乐”的选择空间。让旅游者在追逐流行时尚的同时，品味民族风情。

（三）加强旅游产品的开发创新力度

如发展生态旅游产品，满足人们返璞归真、回归大自然的享受需要。让旅游者在观赏独特景观和珍稀动植物的同时，学到丰富的科学知识，保护自然环境的意识增强。我国不少地区有秀丽的森林、奇特的山水、珍惜的动植物，可以形成如徒步、自行车越野、观鸟、狩猎、漂流、动植物研究、森林探险、各季令营等系列生态旅游产品。各地丰富的雪资源、湿地、草地、农业等生态资源都有发展的广阔前景。开发度假旅游产品，是对观光旅游的发展和提高，各地可多建设自然风光好又具有文化气氛的度假区，让人们以休闲为主，进行一些高层次的文化娱乐活动。另外据世界旅游组织估计，近几年文化旅游在所有旅游活动中所占比例正以15%的年增长速度向前发展。发展文化旅游，可以将自然风光、文物古迹、民俗文化三者有机结合。随着旅游者消费层次的提高，旅游产品结构升级换代，势在必行，不仅要适合时代的需要，而且要以前瞻性积极引导旅游消费，逐步使旅游消费结构合理化。

第三节　旅游消费结构与旅游产业发展的关系

改革开放30多年来，我国入境旅游人次和旅游外汇收入从1978年的181万人次、2.6亿美元到2012年的13 240.53万人次、500.28亿美元，分别增长了72倍与191倍，入境旅游市场的逐步壮大为旅游产业发展起到先导作用，成为我国建设世界旅游强国的强大支撑。旅游消费规模能为国家或地区财富的持续积累和“注入”发挥重要作用；而旅游消费结构能直接反映旅游经济增长质量，是衡量一个国家或地区旅游产业生成及发展水平的重要标志之一。旅游产业的成长与其他产业一样，将经历一个由出现、生成、发展、成熟到衰退演变过程。

旅游产业生成周期各阶段旅游市场及旅游消费结构呈现的特征也不一样。① 出现期，旅游产品处于开发状态，旅游者比较少，旅游服务设施处于接待功能，旅游消费总量小，消费结构指数比较低。② 生成期，旅游产品逐渐增多，旅游服务设施逐渐齐全，旅游人次增加，消费水平有所提高，消费结构指数升高。③ 发展期，旅游产品开始丰富，旅游产品市场趋向卖方市场，旅游消费总量提高，但人均消费还比较低，消费结构指数有所提高。④ 成熟期，旅游市场逐渐做大，旅游人次增加，客源国也增加，旅游产品竞争较大，旅游产品差异化程度大，消费总量增加，消费结构指数比较高，非基本消费比例趋向高级化。⑤ 衰退期，旅游产品开发能力比较弱，旅游人次逐渐减少，消费水平回落，消费结构指数也逐渐变小，产业升级和转型压力大。

表4.1　旅游产业发展下旅游市场基本特征及消费结构特征

时期 (period)	旅游市场基本特征（the basic characteristics of tourism market）	消费结构特征（consumption structure of immigration）
出现 (appear)	接待少量旅游者，旅游产品匮乏	旅游消费总量少，旅游消费结构指数低

续表 4.1

生成 (generate)	旅游消费者增多，旅游产品质量不高、品种不多	旅游消费水平低，基本消费比高，非基本消费比低，旅游消费结构指数较低
发展 (developing)	客源国游客多、旅游产品种类逐渐丰富，旅游产品市场逐渐趋向卖方市场	旅游消费总量高人均消费水平低，非基本消费低，旅游消费结构指数高
成熟 (mature)	客源国非常丰富，旅游产品市场结构趋于完全竞争市场，旅游产品差异化竞争比较激烈	旅游消费总量高，人均消费水平高，非基本消费比例高，旅游消费结构指数高
衰退 (decline)	旅游产品逐渐老化，消费者客流逐渐萎缩	旅游消费总量减少，人均消费水平降低，旅游消费结构指数低

来源：选自何颖怡，麻学锋．产业生成视角的旅游内部就业层次分析——以张家界为例［J］．人文地理，2013（5）．

第四节　旅游消费结构的影响因素

旅游消费不是人类生存的必要消费，而属于人类高级享受和发展需要的消费。因此，旅游消费的需求弹性较大，很多因素都会影响它的数量和质量。除了国际上政治、经济、环境或气候变化等因素的影响外，旅游者的收入水平、年龄、性别、职业和受教育程度以及风俗习惯、兴趣爱好等，也是影响旅游消费结构的因素。此外，旅游供给国或目的地服务范围、服务项目、服务质量、服务态度和旅游各部门的协调配合能力以及社会治安等，也是影响旅游消费构成的因素。概括起来，影响旅游消费的主要因素有以下六项。

一、旅游者的收入水平

旅游消费是满足人们高层次需求的消费。即使人们有了旅游的需求，也只有当人们的收入在支付其生活费用之外尚有一定数量的节余时，才能使需求变为现实。旅游者的收入水平越高，购买旅游产品的经济基础就越好。所以，收入水平决定着消费水平，也决定着需求的满足程度，从而决定着旅游消费结构的变化。旅游者的收入越多，旅游需求就能满足得越充分，就越能促使旅游消费从低层次向高层次发展。如国际旅游者中的政府官员、商人、学者、教授、医生的收入比较高，他们旅游时要住高级宾馆、吃美味餐食、乘飞机坐头等舱、出入乘汽车等。而一般小职员、中小学教师、工人、农民的消费水平与消费结构就大不一样，他们在旅游中以观赏游览为主，对住宿、饮食和交通的需求不高，其中不少人是身背背包的徒步旅游者和自备帐篷的旅游者。

二、旅游者的构成

不同年龄、性别、文化、职业的旅游者，不同的风俗习惯、兴趣爱好，都是影响旅游消费结构的因素。通常，青年人对饮食要求多而不精，而对游览娱乐性的开支则较大；老年人对住宿、饮食、交通的要求比较高；妇女的旅游消费中以购物消费所占比重最大；而政府官员、商人、参加会议的旅游者则要求现代化的旅游设施设备、高质量的饮食和服务。此外旅游者的收入和带薪假日长短的不同，影响着旅游者的停留天数和消费数量；旅游者的文化、习俗又影响着旅游者的兴趣爱好，致使对旅游产品的内容和质量要求各异。总之，旅游者构成的每个因素，都不同程度地影响着旅游消费结构的变化。

三、旅游产品的结构

生产发展水平决定消费水平，产品结构从宏观上制约着消费结构。向旅游者提供的住宿、餐饮、交通、游览、娱乐和购物等各类旅游产品的生产部门是否协调发展，旅游产品的内部结构是否比例恰当，都是影响旅游消费结构的因素。特别是在国民经济中，向旅游业提供服务的各相关产业部门的结构如果搭配不合理，没有形成一个相互协调、平衡发展的产业网，就会导致旅游产品比例失调，各构成要素发展不平衡，从而不仅不能满足旅游者需求，反而造成供求失衡，破坏旅游产品的整体性。例如，交通工具短缺，航线航班奇缺，会使游客进不来出不去，或者进来了又散不开；而旅游设施设备不足，游娱网点过少，又使旅游者来了无住处，住下了又无处游，或者旅游项目单调、枯燥，旅游资源缺乏吸引力等。这些情况都会使旅游产品在旅游市场上失去竞争力，丧失客源。因此，旅游产品结构决定着旅游消费结构，决定着旅游者的消费水平和消费数量。

四、旅游产品的质量

发展旅游业不但需要一定数量的旅游产品，而且需要高质量的产品。如果旅游产品的数量符合旅游需求的总量，但其质量差、生产效率低、使用价值小，则仍然不能满足旅游者的消费需求，并且必然要影响到旅游消费的数量和结构。旅游产品的质量包括三个方面：一是向旅游者提供称心如意、物美价廉的旅游产品，即提供的旅游产品要达到适销、适量、适时和适价的要求；二是旅游服务的效率，对每一项旅游服务都要求做到熟练敏捷，为旅游者节约时间，提供方便；三是旅游服务的态度，即在旅游服务过程中要礼貌、热情、主动、周到。只有提高旅游产品质量，使旅游者获得物质与精神上的充分满足，提高他们的消费水平，才能使旅游消费结构日趋完善。

五、旅游产品的价格

旅游产品价格的变化影响着旅游者的消费数量和消费结构。由于旅游产品的需求弹性大，所以当旅游产品的价格上涨而其他条件不变时，人们就会把旅游消费转向其他替代商品的消费，使客源量受到很大影响。反之，当旅游产品价格下跌或者旅游价格不变而增加了旅游产品的内容时，人们又会把用于其他商品的消费转向旅游。因此，旅游产品价格的变化不仅影响旅游消费构成，而且影响旅游需求量的变化。

六、旅游者的心理因素

旅游者的消费习惯、购买经验、周围环境都不同程度地影响着旅游消费结构。消费方式的示范性及旅游者的从众心理也影响旅游者的支出投向，如历史上兴起的温泉旅游热、海滨旅游热及现代的文化旅游热等。

第五节　旅游消费结构的测评

旅游消费效应的评价目前主要以旅游消费结构的合理性和高级化来衡量，主要呈现三种方法：消费结构指数法、偏离份额法、ELES 分析法。

一、旅游消费结构指数分析法（E 值法）

旅游消费结构演化特征随着旅游产业的生成而发生变化，具有独特性、依附性、演化性等特点。旅游消费结构指入境旅游者在旅游过程中所消费的各种类型的旅游产品及相关消费资料的比例关系。根据旅游消费的内容分类，旅游消费结构一般包括基本旅游消费和非基本旅游消费两个部分。基本旅游消费指一次旅游活动所必需的而又基本稳定的消费，如住宿、餐饮、交通、游览等方面的消费；非基本旅游消费指每次活动都需要的并具有较大弹性的消费，如购物和娱乐方面的消费。基本消费与非基本消费的比值称为消费结构比。基本旅游消费和非基本旅游消费的比例关系常被当作判断区域旅游消费结构合理化的重要指标之一。贾英（2008）用旅游消费结构指数 B 系数表示这个比例关系，并以高级化指数命名，对我国六大重点旅游城市入境旅游消费情况进行了实证分析。其公式为：

旅游消费结构指数（E）＝非基本消费比例/基本消费比例

E 表示旅游消费的合理化和高级化，该值越大，说明旅游消费结构越合理越健康，旅游消费质量越高。

二、偏离份额法

为准确诊断旅游产业结构经济效益，从旅游产业价值链上的基本六要素（交通、游览、餐饮、住宿、购物、娱乐等行业部门）着手，运用偏离

-份额分析法，对旅游产业结构效益进行分析。

偏离—份额分析法（Shift-Share Analysis）是西方区域经济研究中广泛应用的一种方法。它将区域自身经济总量 G_j 在某一时期的变动分解为三个分量，即份额分量 N_j、结构偏离分量 P_j、竞争力偏离分量 D_j。通过对这三个变量的分析说明区域经济发展和衰退的原因，以此为依据评价旅游产业的强势与弱势，产业链上各部门的协同合作、同步发展，交易成本控制以及资源的优化配置等问题。

（一）偏离份额法的原理

偏离—份额分析法是把区域经济的变化看作一个动态的过程，以其所在国整个国家的经济发展为参照系，将区域自身经济总量在某一时期的变动分解为三个分量，即份额分量（the nationa1 growth effect）、结构偏离分量（the industria1 nix effect）和竞争力偏离分量（the shift share effect），以此说明区域经济发展和衰退的原因，评价区域经济结构优劣和自身竞争力的强弱，找出区域具有相对竞争优势的产业部门，进而确定区域未来经济发展的合理方向和产业结构调整的原则。

（二）数学模型

假定区域 i 在经历了时间［0，t］之后，经济总量和结构均已发生变化。设初始期（基年）区域 i 经济总规模为 b_{i0}（可用总产值或就业人数表示），末期（截止年 t）经济总规模为 b_{it}。同时，依照一定的规则，把区域经济划分为 n 个产业部门，分别以 b_{ij0}，b_{ijt}（$j=1，2，\cdots，n$）表示区域 i 第 j 个产业部门在初始期与末期的规模。并以 B_0，B_t 表示区域所在大区或全国在相应时期初期与末期经济总规模，以 $B_{j,0}$ 与 $B_{j,t}$ 所示在大区或全国初期与末期第 j 个产业部门的规模。

区域 i 第 j 个产业部门在［0，t］时间段的变化率为：

$r_{ij}=(b_{ijt}-b_{ij0})/b_{ij0}$（$j=1，2，\cdots，n$）

所在大区或全国 j 产业部门在［0，t］内的变化率为：

$R_j=(B_{jt}-B_{j0})/B_{j0}$（$j=1，2，\cdots，n$）

以所在大区或全国各产业部门所占的份额按下式将区域各产业部门规模标准化得到：

$b_{ij0'} = b_{ij0} * B_{j0} / B_0$ （$j=1, 2, \cdots, n$）

这样，在［0，t］时段内区域 i 第 j 产业部门的增长量 G_{ij} 可以分解为 N_{ij}，P_{ij}，D_{ij} 三个分量，表达为：

$$G_{ij} = N_{ij} + P_{ij} + D_{ij} \tag{4.1}$$

$$N_{ij} = b_{ij0'} \cdot R_j \tag{4.2}$$

$$P_{ij} = (b_{ij0} - b_{ij0'}) * R_j \tag{4.3}$$

$$D_{ij} = b_{ij0} \cdot (r_{ij} - R_j) \tag{4.4}$$

$$G_{ij} = b_{ijt} - b_{ij0} \tag{4.5}$$

其中：N_{ij} 称为份额分量，是指 j 部门的全国（或所在大区）总量按比例分配，区域 i 第 j 部门规模发生的变化，也就是区域标准化产业部门如按全国或所在大区的平均增长率发展所产生的变化量。P_{ij} 被称之为产业结构转移份额（或产业结构效应）。

由式（4.3）可以看出，G_{ij} 是指区域部门比重与全国（或所在大区）相应部门比重的差异引起的区域 i 第 j 部门增长相对于全国或所在大区标准所产生的偏差，它是排除了区域增长速度与全国或所在区域的平均速度差异，假定两者等同，而单独分析部门结构对增长的影响和贡献。所以，此值愈大，说明部门结构对经济总量增长的贡献愈大。

D_{ij} 被称为区域竞争力偏离分量（或区域份额效果），是指区域 i 第 j 部门增长速度与全国或所在大区相应部门增长速度差别引起的偏差，反映区域的 j 部门相对竞争能力。此值越大，说明区域 i 第 j 部门竞争力对经济增长的作用越大。

W，u 分别为结果效果指数和区域竞争效果指数，$0 \leqslant L \leqslant 1$。

由以上各式可知，如若 G_i 愈大，L 大于 1，贝区域增长快于全国或所在区域。

若 P_i 愈大，W 大于 1，这说明区域经济中朝阳的、增长快的产业部门比重大，区域总体经济结构比较好，结构对于经济增长的贡献大。

倘若 D_i 较大，u 大于 1，则说明区域各产业部门总的增长势头大，具有很强的竞争能力。

（三）案例分析

以张家界为例，用偏离份额法对张家界旅游产业结构效应进行分析及评价。以 1999 年为基期，以 2004 年为末期，计算 1999—2004 年 5 年间张家界旅游产业各部门的 N_j、P_j、D_j。根据偏离—份额分析法公式与表 4.2 的相关数据，得到张家界市旅游产业结构效益变动情况如表 4.3 所示。

表 4.2　1999—2004 年全国与张家界旅游产业价值链基本要素的结构构成

（单位：%）

	年份	交通	住宿	餐饮	游览	娱乐	购物	其他	合计
张家界	1999	27	12.6	13	10.9	4.0	25.1	7.4	100
	2004	27	14	10	28	5.0	10.0	9.7	100
全国	1999	32.8	12.9	14.9	6.3	2.2	16.8	14.1	100
	2004	30.5	13.7	14.5	8.6	2.6	14.5	13.6	100

资料来源：张家界市的数据来源于张家界市旅游局，全国的数据来源于中国旅游统计年鉴，因全国最新的数据只有 2004 年，故以 2004 年为末期。

表 4.3　张家界旅游产业结构效益的偏离—份额分析

产业部门	b'_j	$b_{j0}-b'_j$	r_j	R_j	r_j-R_j	G_j	N_j	P_j	D_j
交通	8.856	18.144	−0.074 1	−0.070 1	−0.003 9	−0.621	−1.272 3	−0.606 7	−2
住宿	1.806	12.194	0.285 714	0.062 02	0.223 699	0.112	0.756 217	3.131 783	4
餐饮	1.49	8.51	0.4	0.107 38	0.292 617	0.16	0.913 826	2.926 174	4
游览	1.764	26.236	−0.571 43	0.365 08	−0.936 51	0.644	9.578 222	−26.2222	−16
娱乐	0.11	4.89	0.6	0.181 82	0.418 182	0.02	0.889 091	2.090 909	3
购物	1.68	8.32	0.3	−0.136 9	0.436 905	−0.23	−1.139 05	4.369 048	3

注：b_{j0} = 张家界旅游产业 j 部门基期的国内旅游收入；b_{jt} = 张家界旅游产业 j 部门 t 时期的国内旅游收入；B_{j0} = 全国旅游产业 j 部门基期的国内旅游收入；B_{jt} = 全国旅游产业 j 部门 t 时期的国内旅游收入；B_0 = 全国旅游产业基期的国内旅游收入；B_t = 全国旅游产业 t 时期的国内旅游收入。

$$r_j = (b_{jt} - b_{j0}) \div b_j, \quad R_j = (B_{jt} - B_{j0}) \div B_{j0}$$

$$b'_j = (b_{j0} \times B_{j0}) \div B_0$$

由此得

$$N_j = b'_j \times R_j, \ P_j = (b_{j0} - b'_j) \times R_j,$$

$$D_j = b_{j0} \times (r_j - R_j), \ G_j = N_j + P_j + D_j$$

表4.2反映了2004年张家界旅游产业各部门的结构效益实际状况，购物、娱乐等弹性需求强的部门对旅游产业价值链贡献比较弱，而交通、住宿等部门占产业价值链的比重大，且弹性需求比较小。而表4.3中根据份额法计算，其结果按照 P_j、D_j 的正负性，可以把各部门分为两类：一是 P_j、D_i 都为正的住宿、餐饮、购物与娱乐部门，这说明产业价值链上这四个部门的结构效益比较好，他们的收入增长速度要超过全国相应部门的旅游收入增长速度，说明其部门收入增长具有一定竞争优势，对价值链整体贡献比较大。是二 P_j 为负、D_j 为负的游览、交通部门，说明张家界的游览部门与交通部门的旅游收入增长速度低于全国旅游产业增长速度，且处于竞争劣势，说明者这两个基本要素对价值链扩大有一定贡献，但与其他要素合作协同不深入，甚至存在一定的对抗。具体分析如下：

1．交通部门结构效益较低，且竞争力较弱

近20年来，张家界对交通的基础设施投入很大，铁路、公路、航空方面得到巨大改观，但交通部门对张家界旅游产业的贡献仍然比较小且处于竞争弱势。其主要原因是：铁路方面，张家界火车站始发车、直达车都不多，旅游旺季票源紧张，北京方向只有110张卧铺票，上海方向只有120张卧铺票，而目前每天返程的游客需300～400张卧铺票，供需关系相当紧张。航空方面，机场原设计年吞吐能力为70万人，目前接待已超过150万人，机场航班正班少，包机多，而且冬季航班明显减少，无法保证旅游接待。公路方面，进入张家界景区的道路年年整修，影响了团队接待，也影响了自驾车的出行。虽然旅游运输车辆硬件好但软件差，司乘人员素质不高，服务质量差。

2．住宿部门产业经济效益较好，具有很好的竞争优势

住宿部门对张家界旅游产业经济增长贡献较大，且具有一定的竞争优势，但从产业价值链上分析张家界旅游住宿规模近年来扩大迅速，但没有形成产业规模效益，主要表现在三个方面。

（1）旅游住宿发展速度快，但比全国速度慢。1984 年之前张家界还没有几家住宿接待设施，至 2002 年底，张家界共有旅游住宿设施 331 座，床位近 3 万张，是 1986 年的 3 倍多。到 2005 年 5 月，根据张家界市旅游局的统计表明，张家界共有旅游接待设施 423 家，床位 33 594 张，短短两年多的时间又增加了 92 家饭店、4 357 张床位。应该说，张家界的饭店业前期的发展速度还是比较快的。但是，与全国饭店业的发展速度相比，张家界饭店业相对缓慢。1986 年有 974 座旅游饭店、33.23 万间客房；2000 年就分别达到 10481 座旅游饭店，94.82 万间客房，客房数和床位数分别是 1986 年的 6.43 倍、5.58 倍，比张家界饭店业的发展速度要快得多。

（2）饭店规模小，档次低。就星级饭店而言，2004 年末全国共有星级饭店 10 888 家，拥有客房 123.79 万间，其平均客房规模为 113.7 间/座；而 2004 张家界市共有星级饭店 58 家，拥有客房 5 216 间，其星级饭店的平均客房规模仅为 89.9 间/座，与 2004 年全国星级饭店的平均客房规模比较，也有着较大的差距。

（3）星级饭店建设落后，规模结构有待改善。截至 2004 年底，张家界星级宾馆总数以及饭店拥有客房数占星级客房数的比例如表 4.4 所示。

表 4.4 张家界星级宾馆总数以及饭店拥有客房数占星级客房数的比例

	五星级饭店		四星级饭店		三星级饭店		二星级饭店		一星级饭店	
	全国	张家界	全国	张家界	全国	张家界	全国	张家界	全国	张家界
总数（座）	242	0	971	3	3914	27	3914	20	665	8
客房数（万间）	8.74	0	22.22	0.0608	49.54	0.2286	39.08	0.1971	4.21	0.0351
占星级饭店客房总数（%）	7.1	0	17.9	11.7	40.0	43.8	31.6	37.8	3.4	6.7

数据来源：2004 年张家界统计年鉴与全国旅游统计年鉴。

从表 4.4 可知，张家界与全国饭店比较，五星级客房比差 7 个百分点，四星级客房比差 6 个百分点，三星级和二星级却分别高出近 4 个和 6 个百分点，一星级也高出 4 个百分点。显然，张家界星级饭店的发展水平与全国相比，表现为低星级饭店发展较快，高星级饭店发展相对滞后。

3. 餐饮、娱乐部门产业结构效益较高，且具有一定竞争优势

餐饮、娱乐部门对张家界旅游产业经济增长贡献较大，虽然 D_j 大于零但其值较小，竞争优势较弱。张家界的旅游餐饮拥有土家族风味的民族特色，有着“三下锅”这样的地方特色，但在市区内还没有形成土家风味的优质品牌，且食品、餐馆、服务的文化含量低，就餐环境差，影响张家界土家菜的品位形象。风味小吃缺乏创新，档次不高；在景区内天子山、黄石寨顶上只有天子山快餐服务公司一家快捷、卫生的自助餐，当旅游高峰期时，不能满足游客的餐饮服务的需要。而在山下，主要是一些家庭旅馆、个体餐饮户提供的的餐饮，质量和卫生条件较差，严重影响张家界土家风味的品牌形象。

4．游览部门经济效益低，且竞争优势处于劣势

游览部门是旅游产业价值链上的核心部门，即旅游吸引物。张家界的旅游吸引物，从资源品位上是世界一流的，但事实上对张家界旅游产业经济增长的贡献小，竞争处于劣势。分析其主要原因有三点。

（1）核心企业对上、下游企业凝聚力、领导力、协同力不强。旅游景区是游览部门的生命，是产业价值链上的核心企业，景区开发与发展直接影响产业价值链的总体效益。张家界旅游景区、景点的开发建设对市场研究不够，创意不新，特色不明，缺乏科学性和前瞻性，低水平重复开发现象依然存在。如玉龙洞、茅沿河分别是黄龙洞、猛洞河开发的重复开发典型。

（2）张家界旅游景区的旅游产品单一老化，急需升级换代。随着消费者的旅游体验和旅游休闲意识的提高，以及经济收入的提升和休闲时间的增加，传统观光型旅游产品已不能满足消费者的需求，张家界以自然风光为主导的观光型旅游产品已成为张家界旅游产业升级优化的核心工作。

（3）中部崛起的旅游目的地，与张家界形成区域竞争，客流有一定的分流。

5．购物部门结构效益较好，处于竞争优势

张家界的旅游总收入随着旅游人数的增长而不断攀升，由1994年的11 300万元增长到2005年的643 478万元，增加了5 594.5%。而旅游购物的收入在旅游总收入中所占的比重情况却不容乐观，其发展态势并没有随着旅游收入的增加而迅猛增长，其增长的比例远远低于旅游总收入的增长比例。在近10年中，最高的为1999年，所占比重为25.1%；最低的为1995年，所占比重为3.0%。就绝对数来说，旅游购物的收入占旅游总收入的比重远远低于发达国家或地区的40%～60%的水平，和全国平均水平的20%也存在着一定的差距。2005年，游客在张家界市的人均日花费仅为443元，其中购物和娱乐消费仅占17%，显然，虽然购物部门对张家界旅游产业的经济贡献力比较大，但其结构效益还有待提高。

三、ELES分析法

（一）ELES模型

ELES又称扩展线性支出系统模型（Extend Linear Expenditure System），是经济学家Lunch于1973年在美国计量经济学家Stone的线性支出系统模型的基础上推出的一种需求函数系统。该模型假定某一时期游客对各种旅游项目的需求量取决于旅游收入和各类旅游项目的价格，并且游客对各种旅游项目的需求分为基本需求和超过基本需求之外的需求两部分，基本需求与旅游收入水平无关，游客在基本需求得到满足之后才将剩余旅游消费金额按照某种边际消费倾向安排各种非基本消费支出。

1947年，L. R. Clein与H. Rubin提出以下形式的直接效用函数：

$$U = \sum_{i=1}^{n} u_i(q_i) = \sum_{i=1}^{n} b_i \ln(q_i - r_i)$$

式中：U表示效用；q_i表示第i种商品的实际需求量；r_i表示可维持生活的第i种商品的基本需求量；b_i为加权参数，表示消费者对第i种商品的边际预算份额；其中，$q_i > r_i > 0$，$\sum_{i=1}^{n} b_i = 1$且$1 > b_i > 0$。该效用函数认为，效用具有可加性，且各种商品的效用取决于实际需求量与基本需求量之差。

另外，消费面临的预算约束函数为：

$$\sum_{i=1}^{n} p_i q_i = V$$

式中：p_i表示第i种商品的价格；q_i表示第i种商品的实际需求量；V表示预算总支出。该函数表明，一个理性消费者用于购买消费品的支出会在其预算约束之内。

1954年，英国计量经济学家R. Stone以该直接效用函数为基础，提出了线性支出系统函数（LES），在预算约束$\sum_{i=1}^{n} p_i q_i = V$的条件下，极大化直接效用函数，即：

$$\max \quad U = \sum_{i=1}^{n} b_i \ln(q_i - r_i)$$

$$\text{s.t.} \quad V = \sum_{i=1}^{n} p_i q_i$$

运用拉格朗日乘数法进行求解，就得到线性支出系统（LES）模型：

$$p_i q_i = p_i r_i + b_i (V - \sum_{i=1}^{n} p_i r_i) \tag{4.6}$$

式（4.6）表明，消费者对第 i 种消费品的消费支出为两部分之和，第一部分为维持生活的基本消费支出，第二部分为总预算中扣除基本消费支出后对第 i 种消费品的支出。但是，LES 模型存在两个缺陷：一是它没有考虑到居民把基本消费支出后的余额用于储蓄或投资的因素；二是总预算 V 是对所有商品需求支出之和，它是内生变量，无法外生给出，因而模型难以估计。基于以上两点缺陷，LES 模型并没有在实证中得到广泛应用。

1973 年，经济学家 Luich 对 LES 模型做了两点修改，提出了扩展线型线型支出系统（ELES）模型。用消费者的收入水平 I 代替了预算总支出 V，用边际消费倾向 β_i 代替了边际预算份额 b_i，模型变为：

$$p_i q_i = p_i r_i + \beta_i (I - \sum_{i=1}^{n} p_i r_i) \tag{4.7}$$

模型（4.7）表明，在一定的收入和价格水平下，消费者首先满足其对某种商品或劳务的基本需求 $p_i r_i$，在余下的收入 $I - \sum_{i=1}^{n} p_i r_i$ 中，按照 β_1 的比例在消费第 i 种商品和储蓄之间进行分配，消费者的边际储蓄倾向为 $1 - \sum_{i=1}^{n} \beta_i$，且有 $0 < \beta_i < 1$，$\sum_{i=1}^{n} \beta_i \leqslant 1$。

对式（4.7）进行处理，写作：

$$p_i q_i = (p_i r_i - \beta \sum_{i=1}^{n} p_i r_i + \beta_i I) \tag{4.8}$$

采用截面数据时，（4.8）式中的 $p_i r_i$ 和 $\sum_{i=1}^{n} p_i r_i$ 都是不变的常数，从而可以令

$$\alpha_i = p_i r_i - \beta_i \sum_{i=1}^{n} p_i r_i \tag{4.9}$$

令 $C_i = p_i q_i$ 表示居民对第 i 种商品的实际消费额，则（4.8）式可以改写成计量经济模型：

$$C_i = \alpha_i + \beta_i I + u_i \tag{4.10}$$

其中，α_i 和 β_i 为待估参数，u_i 为随机扰动项。对（4.10）式采用最小二乘估计，得到参数估计值 $\hat{\alpha}_i$ 和 $\hat{\beta}_i$，然后根据定义：$\alpha_i = p_i r_i - \beta_i \sum_{i=1}^{n} p_i r_i$，对该式两边求和，得到：

$$\sum_{i=1}^{n} \alpha_i = (1 - \sum_{i=1}^{n} \beta_i) \sum_{i=1}^{n} p_i r_i \tag{4.11}$$

将（4.11）式带入（4.9）式，就可得

$$p_i r_i = a_i + \beta_i \frac{\sum_{i=1}^{n} \alpha_i}{(1 - \sum_{i=1}^{n} \beta_i)} \tag{4.12}$$

再由 $\hat{\alpha}_i$、$\hat{\beta}_i$ 和（4.12）式，就可以估计出居民对第 i 种商品的基本需求 $\hat{p}_i \hat{r}_i$。同时可以求出需求的收入弹性为：

$$\varepsilon_i = \frac{\partial C_i}{\partial I} * \frac{I}{C_i} = \beta_i \cdot \frac{I}{C_i} \tag{4.13}$$

自价格弹性为：

$$\varepsilon_{ii} = (1 - \beta_i) \frac{p_i r_i}{C_i} - 1 \tag{4.14}$$

（二）案例分析

张家界入境旅游消费结构情况如表 4.5 所示。

表 4.5　1989—2012 年张家界入境旅游消费结构构成及入境旅游人次

（单位:%）

年份	住宿	餐饮	游览	交通	基本消费比	购物	娱乐	其他	非基本消费比	入境旅游人次（万人次）
1989	50	9	40		99	1			1	1.68
1990	27.5	28.7	33.9		90.1	8.6	0.6	0.7	9.9	1.05
1991	15.3	10.4	71.3	0.3	97.3	1.8	0.3	0.8	2.9	2.58

续表 4.5

年份	住宿	餐饮	游览	交通	基本消费比	购物	娱乐	其他	非基本消费比	入境旅游人次(万人次)
1992	49.8	9.4	37.4	0.3	96.9	2	0.3	0.8	3.1	3.30
1993	35.4	12.3	52		99.7	0.3	–	–	0.3	3.36
1994	47.5	39	6.5	1	94	3	0.4	2.6	3	1.16
1998	18.9	10.4	5.4	30.4	65.1	12.4	4.9	17.6	12.4	3.04
1999	13.9	10.7	3.9	26	54.5	23.2	7.2	15.1	23.2	15.15
2000	14.7	12.5	5.2	27	59.4	25.7	8.6	6.3	40.6	20.19
2001	12.6	8.7	4.5	31.5	57.3	21.1	7.7	13.9	42.7	25.39
2002	14.7	6.3	9.1	40.5	70.6	25	2.3	2.1	29.4	30.98
2003	15	6.5	10	40	71.5	24	2.5	2	28.5	35.73
2004	16	10	22	36	84	10	3	3	16	90.33
2005	16	12	25	28	81	13	3	3	19	128.79
2006	15.5	12	25	28	80.5	13.5	3	3	19.5	127.48
2007	15.9	10.5	28.5	33	87.9	8.5	1.7	1.9	12.1	125.90
2008	16	12.5	28.2	25.7	82.4	10	4	3.6	17.6	105.85
2009	17.3	14.5	25.3	17.5	74.6	14.2	8.6	2.6	25.4	80.68
2010	17.6	14.8	25.4	17.9	75.7	13.5	7.8	3	24.3	148.83
2011	17.8	15	25.6	18.1	76.5	13.7	7.7	2.1	23.5	182.38
2012	13.8	16.9	16.6	20.2	67.5	20.5	3.9	8.1	32.5	215.81

根据 *ELES* 模型我们可以得到相关估计值见表 4.6。

表 4.6 张家界入境旅游消费结构 *ELES* 参数估计值

α_i		β_i	R^2	F	DW	$p_i r_i$
住宿	168.88	0.16	0.990	2019.67	0.92	15 552.64
餐饮	−202.64 *	0.13	0.931	270.67	1.48	12 296.665
游览	0.29	0.27	0.951	407.42	2.35	25 960.385
交通	261.67	0.26	0.912	87.56	1.75	25 260.28
购物	1 033.52	0.12	0.915	226.46	1.51	12 571.34
娱乐	661.25	0.04	0.486	18.93	1.67	4 507.19
合计	1 922.97	0.98	—	—	—	96 148.5

注：表中 α_i 为基本消费，回归结果中餐饮的分析结果为负数，在用模型进行一元线性回归时已用 White 法去除异方差且进行了一阶自相关的克服，得到的检验结果都比较合理，但该数据与实际消费情况有所差异，故用“*”号进行标记。

以上结果显示，β_i 的和小于 1；判定系数 R^2 中除了娱乐为 0.486 之外，其余的均大于 0.91，且都接近于 1，表 4.6 中的 F 统计量在 0.05 的显著性水平情况下通过了检验，并基本通过了 LM 自相关检验和 White 法异相关检验，模型的确立符合要求；DW 统计量除了住宿这一项为 0.92 和餐饮为 1.48 小于 1.5 之外，其他的都大于 1.5 且小于 2.5，这说明一阶自相关问题得到较好的处理，回归效果比较好。以上数据符合进一步分析的条件。

从表 4.6 可以看出，1989—2013 年张家界市入境游客消费倾向 $\sum\beta_i = 0.98$，这说明外国游客来张家界旅游每新增加 1 单位的外汇收入，用于增加住宿、餐饮、游览、交通、购物、娱乐这六大方面的消费总和达到 0.98，只有 0.02 的收入用于增加这六项消费类型以外的其他花费，如邮电通讯。各项消费支出中游览的边际倾向为 0.27，居于首位。交通的边际消费倾向为 0.26，仅次于游览；娱乐为 0.04，边际消费倾向小。住宿、餐饮、游览、交通这四类基本消费项目的边际消费倾向的总和达到 0.82，说明入境旅游者在住宿、餐饮、交通和娱乐这四项基本旅游消费上边际消费倾向大。

1. 收入弹性分析

为了进一步说明张家界入境旅游消费结构的影响机制，我们再引入一个弹性指标，对入境旅游消费者的各种消费相对外汇收入进行一个弹性收入需求测度，可以看出他们之间的相关性。所谓需求的外汇收入弹性是指当外汇收入增加 1% 时，所引起的消费某类旅游项目产品数量增加的百分比。根据式（4.11），再由 $\hat{\alpha}_i$、$\hat{\beta}_i$ 和（4.12）式，就可以估计出境外游客对第 i 种旅游项目的基本需求 $\hat{p}_i\hat{r}_i$。同时可以求出各类旅游项目需求的外汇收入弹性为：

$$\varepsilon_i = \frac{\partial C_i}{\partial I} * \frac{I}{C_i} = \beta_i * \frac{I}{C_i}$$

由需求收入弹性定义可知，若 $0 < \varepsilon_i < 1$，表明随着外汇收入的增加，

第 i 类旅游项目需求量将增加，但这类项目支出占总收入的比重将下降。若 $\varepsilon_i = 1$，表明随着外汇收入的增加，第 i 类消费项目需求量与收入同步增加。若 $\varepsilon_i > 1$，表明随着外汇收入的增加，第 i 类旅游项目需求量将增加，且这类项目支出占总收入的比重也将增加。运用 1989—2013 年的统计数据，计算结果如表 4.7 所示。

表 4.7　张家界市入境游客需求的外汇收入弹性

项目	住宿	餐饮	游览	交通	购物	娱乐
需求收入弹性	0.969	0.887	0.969	1.042	0.461	0.170

由表 4.7 的数据显示，6 类消费项目的弹性系数均为正值。弹性为正说明，随着外汇总收入的提高，各项旅游项目的需求会增加。因此，随着该市入境旅游外汇收入的增加，各类旅游项目的消费也会增加，旅游消费品仍然存在着增量空间。在各项旅游消费中，交通的数据为 1.042 大于 1，说明入境旅游者对这类旅游项目需求量的增长率高于外汇收入的增长率，住宿和餐饮都为 0.969，说明这两项的需求也在逐渐增大。购物的需求价格弹性为 0.461，而娱乐的更低，只有 0.170，这也说明游客在选择旅游项目不愿意过多地进行购物和娱乐这两项消费。同样说明境外游客对非基本旅游消费的消费动机比较小，而更希望多用于基本旅游消费。

2. 自价格弹性分析

价格是影响入境旅游消费的重要因素，对比我们引入自价格弹性和互价格弹性指数，对入境旅游消费者的各项消费情况进行进一步的价格弹性分析。

自价格弹性指当其他旅游项目的价格和外汇收入保持不变时，某旅游项目需求量的相对变动与其自身价格的相对变动的比率。它表示境外游客对价格变动反应的敏感程度。引入公式：$\varepsilon_{ii} = (1-\beta_i)\dfrac{p_i r_i}{C_i} - 1$，以及统计年鉴 2006—2013 年的数据，对各大类消费项目自价格弹性进行运算，得到如表 4.8 所示。

表 4.8　张家界市入境游客各类旅游项目消费需求的自价格弹性

项目	住宿	餐饮	游览	交通	购物	娱乐
自价格弹性	-0.313	-0.262	-0.392	-0.370	-0.657	-0.368

表4.8的数据显示，这六类旅游项目的自价格弹性都为负数，说明各类旅游项目的需求量与价格之间成负相关关系，即在其他条件不变的情况下，随着旅游产品价格上涨，其需求量将会减少。这六项基本旅游项目中购物的自价格弹性的绝对值最大，为0.657，这说明2006—2013年期间，旅游商品自身价格的变动在很大程度影响了游客对购物方面的消费需求。其中，国外旅游者对旅游购物最敏感。游客对购物需求的欲望很大，但这种需求受价格的约束很大。也就是说，当旅游商品价格比较高时，游客会选择收缩“购物”的消费，即选择先满足其他基本旅游项目的需求。

3. 互价格弹性分析

互价格弹性指某种旅游项目的供需量对其他相关旅游项目价格变动的反应灵敏程度。引入公式：$\varepsilon_{ij} = -\beta_i \frac{p_j r_j}{c_j}$，计算各类旅游项目需求的互价格弹性，如表4.9所示。

表4.9 张家界市入境旅游各类旅游项目消费需求的互价格弹性

	住宿	餐饮	游览	交通	购物	娱乐
住宿	—	-0.103	-0.210	-0.206	-0.094	-0.044
餐饮	-0.119	—	-0.192	-0.188	-0.086	-0.040
游览	-0.130	-0.103	—	-0.206	-0.094	-0.044
交通	-0.140	-0.110	-0.226	—	-0.101	-0.047
购物	-0.062	-0.049	-0.100	-0.098	—	-0.021
娱乐	-0.023	-0.018	-0.037	-0.036	-0.016	—

表4.9的数据显示，互价格弹性总体比较小，且全部为负数。负相关表示旅游产品需求量与价格之间成反比例关系。六大类旅游项目中游览和交通的弹性最大，说明游客对其他消费项目的需求依赖于游览和交通的消费支出的稳定性在下降。旅游者已经把游览和交通看成旅游项目中必不可少且优先选择的项目。住宿和餐饮消费对其他消费项目的弹性也比较大，但购物与娱乐弹性最小，这个结果与前面分析基本消费需求支出水平与边际消费倾向指标基本吻合。

【拓展阅读】

2005 年我国入境旅游者消费结构总体分析

旅游消费与经济和社会总体发展水平有着紧密联系。在发达国家，旅游消费是社会普遍的消费行为，是生活已达富裕程度的人们追求享受和发展的消费行为，是国民素质较高、法律健全条件下的消费行为，是完全市场化的消费行为，而且这种消费行为越来越国际化、现代化和全球化。

非基本旅游消费支出的高低是反映旅游消费结构是否合理的显性指标，国际上规定其最低警戒线为 30%，旅游发达国家已高达 60% 以上。我国入境旅游者的非基本旅游消费支出比例虽呈稳步上升趋势，但仍处于较低水平，只占旅游消费总支出的 33% 左右，且多年来始终在一个较小的范围内变化，差距甚远。根据国际旅游消费合理化的标准，我国的旅游消费结构可以分三步达标：首先，在近几年内力争使人境过夜旅游的非基本旅游消费支出超过警戒线，达到 30%，并持续发展。其次，利用 2008 年奥运会、2010 年世博会在中国举行的契机，使该指标上升到 40% ~50%；再次，经 2010—2020 年十年的努力，达到旅游发达国家非基本旅游消费支出占旅游消费总支出 60% 以上比例的水平，使中国成为名符其实的旅游强国。

旅游消费结构受着多种因素的影响，其中旅游产品的结构、旅游产品的质量是直接影响旅游消费结构的关键因素。旅游产品是综合性产品。向旅游者提供的住宿、饮食、交通、游览、娱乐和购物等各类产品的生产比例是否合理，各种产品的内部结构是否恰当，直接影响旅游消费数量和消费结构。在国民经济中，向旅游业提供服务的各有关部门的组织结构如果不合理，不能形成相互协调、平衡发展的产业网，就会导致比例失调，各构成要素发展不平衡，造成旅游消费结构不合理。例如，长期以来我国在旅游产品结构的政策上有所偏斜，重视旅游目的地、旅行社、宾馆建设，轻视旅游商品的生产与销售，而旅游购物赶不上旅游业的发展步伐。虽然在旅游业发展的前期，优先开发丰富的自然人文旅游资源是在情理之中，但当旅游业发展到一定程度之后，若仍不重视购物旅游资源的开发，就必然引起旅游消费的不合理状态。我国入境旅游者旅游购物的销售收入占总体旅游收入的比重一直在 20% 的水平上徘徊就清楚地说明了这一点。

第六节 优化旅游消费结构的路径

一、完善旅游产品结构

继续调整旅游产品结构，提高旅游产品的多元化程度。有关资料显示，世界旅游消费结构变化的趋势有三点：一是观光旅游份额逐步下降，商务、购物旅游活动比重上升；二是自然风光旅游产品份额减少，内涵丰富的文化旅游产品份额直线上升；三是度假旅游逐步兴起并走向成熟。首先在旅游产品要素结构上，要合理发展吃、住、行、游、购、娱各单项产品的比例关系。针对国内购物、娱乐消费水平低的现象，政府和地方要积极扶持购物和娱乐产品的开发，适当给予优惠政策。再次在旅游产品组合结构上，加强旅游产品的多元化，大力发展非观光旅游产品，打破传统结构单一的旅游产品体系，在发展较为成熟的观光旅游产品的基础上大力开发和发展度假旅游、商务会议旅游、娱乐休闲旅游、专项旅游等非观光旅游产品。

二、开发有特色的旅游纪念品

旅游纪念品是旅游商品的核心部分，也是旅游购物中的主体对象。开发有特色的旅游纪念品，是促进旅游购物消费的一个重要途径。针对目前国内旅游纪念品开发薄弱的现状，加强对旅游商品的开发与研究工作，提高设计水平与产品质量，是目前发展旅游购物市场的重要环节。旅游纪念品的设计、开发不同于一般的商品，它具有小、土、巧、异、纪等特点，因此要组织专门的旅游纪念品的研究、设计、开发队伍，能够把地方的资源特色、文化特色融入其中。同时地方政府也要有合理的旅游纪念品开发规划，要对旅游纪念品的研制设立专门的基金，并保护其知识产权。

三、优化旅游购物环境

良好的旅游购物环境离不开规范的市场秩序，各地在规范与整顿旅游商品市场时，要加强对旅游商家诚信经营的管理，商家在提供商品信息时要准确、真实，在价格标注上做到货真价实，不能因游客一次性消费的特点，而对游客进行欺骗性的消费，进而影响旅游目的地的旅游购物环境和形象。在营造良好的购物环境上，有关专家对国内旅游者的旅游商品购物需求进行了问卷调查，调查结果表明，国内旅游者在对旅游购物地点和方式的偏好上，多数旅游者喜欢以开架方式为主的超市或者商品专卖店，商品标注有参考价格。

四、合理引导旅游者消费

宏观层面，地方政府在合理规划旅游产品结构的同时要注重对旅游者消费倾向的引导，根据市场供给和需求特点规划类型丰富的旅游产品，在满足游客需求的同时调整旅游消费结构。微观层面，旅游企业要推陈出新，在传统的观光旅游产品基础上，推出多元化的旅游产品体系，并且要规范导游人员的导购行为，保障旅游者的游览权与自由购物权。如果在游程中导游人员过多地用购物时间去挤占游览时间，或者在旅游导购中传递虚假信息，会引致游客的逆反心理，出现厌恶甚至害怕购物，而不利于旅游商品业的健康发展，也不利于旅游者进行合理的消费。

五、加强行业管理，提高旅游服务质量

为旅游者提供优质的服务，要从两方面下手，一是提供完善的旅游硬件条件，要在合理制订旅游资源规划开发计划和完善旅游配套服务设施上下工夫，这是提供良好的旅游服务和开拓入境旅游市场的前提条件；二是仅仅依靠我国丰富的自然旅游资源和硬件设施是不够的，还要依靠高质量的旅游服务，高质量的旅游服务可以提升我国入境旅游产品的档次。喜来登集团总裁说过，旅游服务对于一个地区旅游业的发展是至关重要的。因而，旅游行政主管部门和各旅游协会必须加强旅游服务各行业的服务质量

的管理，加强对旅游企业服务质量的严格监督。建立健全旅游服务行业的服务规范标准和规章制度，加强对旅游从业人员的教育和培训提高他们的专业服务水平和职业道德水准，以保证为入境旅游者提供高质量的旅游服务。

【思考题】

一、名词解释

1. 消费结构
2. 偏离份额法
3. 产品结构
4. ELES 分析法

二、论述题

1. 试论述旅游消费的的结构构成。
2. 试论述旅游消费测评的方法有哪些。
3. 旅游消费结构指的影响因素有哪些方面，请分别论述。
4. 旅游消费合理化有哪些指标？

【本章推荐阅读书目】

[1] 罗明义. 旅游经济学 [M]. 天津：南开大学出版社. 2009.

[2] 赵晓燕. 旅游经济学 [M]. 北京：经济管理出版社. 2001.

【本章主要参考文献】

[1] 刘肖梅. 旅游资源可持续发展与管理导论 [M]. 济南：山东大学出版社，2010.

[2] 杨桂华，陶犁. 旅游资源与开发 [M]. 昆明：云南大学出版社，2010.

[3] 吴国清. 旅游资源开发与管理 [M]. 上海：上海人民出版社，2010.

[4] 王大悟. 新编旅游经济学 [M]. 上海：上海人民出版社，2000.

[5] 张建萍. 生态旅游理论与实践 [M]. 北京：中国旅游出版社，2001.

[6] 何颖怡，麻学锋. 产业生成视角的旅游内部就业层次分析——以张家界为例 [J]. 人文地理，2013 (5).

第五章　旅游消费方式

【本章概要】

本章着重阐述了旅游消费方式的含义、内容以及其影响因素，区分了个体旅游消费和群体旅游消费，阐述了绿色旅游消费的含义、意义以及发展途径，介绍了休闲旅游及其发展方式，阐述了网络旅游消费的相关概念。

【学习目标】

- ●了解旅游消费方式的含义、内容。
- ●了解影响旅游消费方式的因素。
- ●了解个体旅游消费和群体旅游消费。
- ●了解绿色旅游消费的含义、意义以及发展途径。
- ●了解休闲旅游的含义以及发展方式。
- ●了解网络旅游消费的含义及特点。

【关键性术语】

旅游消费方式；个体旅游消费；群体旅游消费；绿色旅游消费；低碳旅游；休闲旅游消费；网络旅游消费等

【章首案例】

旅游消费新方式

淘宝网、支付宝、阿里旺旺……爱网购的你对这些名词一点都不陌生。那您是否尝试过用支付宝在网上购买心仪的旅游产品呢？记者采访山东海峡国旅总经理金革宇时，金革宇说：“网购旅游产品作为一种旅游消费新方式，其实早在两年前就慢慢进入烟台市民的视野中。”据介绍，近年来海峡国旅已经把旅游产品放到官方网站供大家参考选择，刚开始大家还是不够认可这种网上付费的方式，总觉得还是需要面对面的交流和沟通才更安全可靠。尽管商家们也为了促使这种消费形式的发展和延伸，对上网付费购买旅游产品的消费者们实行了优惠政策。

金革宇说："智慧旅游是从传统的旅游消费方式向现代化的旅游消费方式转变的推手。虽然消费的内容还是传统的食、住、行、游、购、娱，但旅行社可通过信息技术的运用实现新的消费方式。在信息时代，网络、博客、短信等营销方式，正被旅游行业所采用，但总体看，国内的旅游营销对信息技术的运用还有差距，一般情况仍选用传统的交易会、场地旅游产品推广等方式，比起先进国家运用互联网交易还有较大差异。"

据了解，当烟台市民还没来得及体验互联网和旅游的碰撞时，又一种旅游消费新方式出现在各大城市——"按揭旅游"。一位旅游业内人士对记者说，大城市推出按揭旅游，是一种新的旅游消费方式，有利于旅游业的发展，但目前按揭旅游是存在风险的，主要在于旅行社要更加规范行业的行为，树立起良好的行业形象，"按揭旅游"才能有一个更好的发展空间，旅游市场才能更健康、有序地发展。

资料来源：《旅游消费推新方式　网购路线、按揭付款竞相登场》，《齐鲁晚报》，2011－11－28.

第一节　旅游消费方式的含义、内容及其影响因素

旅游消费方式指人们在旅游活动中消耗物质资料、精神产品和劳务的具体方法和形式。它是旅游活动的外在表现形式，是旅游者消费的方式和方法，是旅游消费的重要方面。旅游消费方式作为人们社会生活方式整体系统中的一种消费方式，影响着人们的旅游活动。

一、旅游消费方式的含义和内容

所谓"消费方式"，就是在一定的生产力发展水平、一定的生产关系条件下，消费者与消费资料相结合的方法、途径和形式。旅游消费方式，就是旅游者在旅行游览的过程中，对物质和精神资料、服务等旅游产品进

行消费并且从中获得满足的方式和方法，它是旅游消费主体和消费客体相结合的方法、途径和形式。从本质上说，旅游消费方式是一种生活方式，它体现了社会生产力的发展和人民生活水平的提高，反映了人们在社会生活中复杂的生产关系，是新消费观的重要体现。

旅游消费方式包括两方面的含义：一是指旅游消费的自然实现形式，这是与旅游消费的自然过程属性相对应的，二是指消费主体和消费客体相结合的技术形式，即消费主体和消费客体相结合的实现途径和实现范围形式等，这是和旅游消费的社会过程属性相对应的。例如，旅游者旅游产品的获得途径是通过旅游商品——货币关系在旅游市场上购买，抑或自给自足；旅游消费中旅游者以怎样的消费本位与旅游产品相结合，旅游者是个人消费、家庭消费还是单位消费、社团消费等。

旅游消费方式的自然实现形式和社会实现形式紧密结合，两者统一在旅游消费之中，缺一不可。旅游消费的社会实现形式是自然实现形式的必要前提，没有社会实现形式，自然实现形式也就不会存在；没有自然实现形式，即旅游者不知道以什么方式去消费和利用旅游产品，那旅游者对旅游产品的使用权也就没有了意义。两者都是旅游消费方式的重要方面，共同完成了旅游者与旅游产品的结合过程。

具体来说，旅游消费方式包括以下五个方面的内容。

（一）旅游消费心理

旅游消费心理是影响旅游者旅游消费的心理因素，它是指旅游者从内在旅游需要的产生到理智的思考，再到根据个人偏好选择旅游消费对象和消费方式，知道旅游消费实现后根据自我感受进行反思和评价这一整个过程中的一系列思维活动的总和。它是一种主观的意识行为，是旅游消费在旅游者大脑中的反映。

旅游消费心理分为浅层次的普通旅游消费心理和深层次的旅游消费观。普通旅游消费心理来源于旅游者对旅游产品的表层印象，很容易受到客观条件变化的影响，具有不稳定性。旅游消费观是旅游者在自身的人生观、世界观和价值观的基础上对旅游产品的深层次印象，带有强烈的倾向性和很大程度的稳定性，一般不会轻易改变，而且往往会促使旅游者形成一定的消费模式。

旅游消费心理是旅游者消费行为的原动力，它直接触发了旅游者进行旅游消费的动机。

（二）旅游消费习惯

旅游消费习惯是旅游消费心理的行为表现，带有强烈的倾向性，在同一情境下往往重复出现，具有较强的稳定性。旅游消费习惯是在一定环境下经常重复出现的一种消费行为方式，具有民族性、历史性和相对稳定的特点。不同国家、地区和民族的消费习惯，是在各自特定的经济、文化、历史条件下形成的，并凝聚成为一种社会心理或行为规范，是构成不同国家、地区的文化形态和民族习俗差异的重要因素。典型的如旅游消费中的习惯性购买，旅游者对某些商品、某些品牌有很强的习惯性和依赖性，会导致他们的重复购买行为。旅游消费习惯是旅游活动中的重要现象，在某种程度上也影响了旅游者的消费心理和消费行为。它常常会受到性别、年龄、收入等人口统计因素和地域、民族、宗教等文化因素甚至流行因素的影响，个体之间差异很大。但是，一旦旅游消费习惯形成，其改变需要较长且复杂的过程。

（三）旅游消费能力

旅游消费能力指人们为满足旅游需求而进行消费活动的能力。它既包括人们生理上的消费能力，又包括人们获取一定量消费的经济能力。生理的、经济的、文化的条件，是构成旅游消费能力的物质和精神基础。然而，这毕竟只是一种可能消费能力。要把可能的消费能力变成现实的消费能力，还需要成熟的客观条件，即旅游者在具备生理上、经济上、文化上的完整的消费能力的同时，也要拥有条件来获取所需要的消费资料，这才是现实的旅游消费能力，才能使消费活动得以实现和进行。旅游消费心理和习惯为旅游消费的产生提供了可能性，使旅游者具有了旅游的意愿和动机；旅游消费能力则为旅游消费提供了现实可行性。旅游消费能力指旅游者满足旅游需求的现实能力，主要衡量指标是旅游者的可支配收入。旅游消费能力，从根本上说，是由社会生产力的发展水平决定的，并且受到旅游消费对象（旅游产品）和旅游消费主体（旅游者）个人因素的影响。

社会生产力的发展，不仅促进了社会经济的发展和人民物质生活水平的提高，增加了人民的可支配收入，同时也使人们有更多的闲暇时间，这些都是提高旅游者消费能力的重要条件。另外，因为旅游消费能力还受到旅游者个人因素和旅游业状况的影响，所以要提高旅游消费水平，还需要完善旅游业的结构，促进旅游业的良性循环，鼓励人们进行旅游消费，使潜在的旅游消费者转化为现实的旅游消费者。

（四）旅游消费结构

旅游消费结构指旅游者在旅游消费过程中所消费的各种物质和劳务消费资料的数量比例关系的构成状态。它一方面反映了旅游消费方式的基本特征，反映了旅游者群体中的生产力水平；另一方面也反映了旅游系统中所有经济与非经济主体的生产关系。旅游消费结构是旅游消费主体在一定时间内，对各类旅游产品和劳务消费的数量比例和相互关系。旅游产品消费可分为满足生存基本需要的生存消费、满足享乐需要的享受消费、满足人的体力和智力发展需要的发展消费等。此外，消费结构还包括个人消费与社会公共消费的比例关系，以及商品性消费与自给性消费的比例关系。

（五）旅游消费水平

旅游消费水平主要指从数量上标明旅游消费在物质、文化方面满足旅游者需要的程度。任何消费方式总是要通过一定的消费水平体现出来，特别是旅游消费品和服务总是具有一定的质量，所以消费水平所包含的旅游产品和服务的质量，既包括精神消费品及其服务的数量和质量，又包括物质消费品及其服务的数量和质量。因此，必须从数量与质量、物质消费与精神消费的统一中来把握旅游消费的水平。

二、旅游消费方式的影响因素

旅游消费不是人类生存的必要消费，而属于人类高级享受和发展需要的消费。因此，它的需求弹性较大，很多因素都会影响它的数量和质量。旅游消费是一种高层次的消费，其消费方式不仅受到旅游者自身因素和旅游产品状况的影响，还受到旅游者所处环境的经济、社会、政治等多方面的制约。

（一）旅游者的个人因素

由于个人因素的不同，不同的旅游者往往在旅游消费方式上也不同。最表层的，旅游者的性别、年龄和身体状况等都会影响旅游者对消费方式的选择，例如年轻的旅游者倾向于娱乐消遣、探险型旅游，而年长的旅游者由于身体状况不佳，往往更倾向于纯粹的观光型或者是度假养生类的旅游形式。旅游者的个性、知识水平和技能状况也会影响旅游消费方式的选择。知识和技能水平较高的旅游者比知识水平较低的旅游者更乐于选择带有求知色彩的旅游方式。更深层次的，旅游者的人生观、价值观和消费观会影响旅游者的消费方式，而且常常具有很大的稳定性。

1．旅游者的收入水平

旅游消费是满足人们高层次需求的消费，即使人们有了旅游需求，也只有当人们的收入在支付其生活费用之外尚有一定数量的结余时，才能使需求变为现实。旅游者的收入水平越高，购买旅游产品的经济基础就越好。因此，收入水平决定着消费水平，也决定在需求的满足程度，从而决定着消费结构的变化。旅游者的收入越多，旅游需求满足得就越充分，从而就越能促使旅游消费从低层次向高层次发展。例如，国际旅游者中的政府官员、商人、学者、教授、医生的收入比较高，他们旅游时要住高级酒店、吃美味餐食、乘飞机坐头等舱、出入乘专车等；一般小职员、中小学教师、工人、农民的消费水平与消费结构就不大一样，他们在旅游者以观赏游览为主，对住宿、饮食和交通的需求不高，其中不少人是身背背包的徒步旅游者和自备帐篷的旅游者。

2．旅游者的构成

不同年龄、性别、文化、职业的旅游者，不同的风俗习惯、兴趣爱好，都是影响旅游消费结构的因素。通常，青年人对饮食要求多而不精，而对游览娱乐性的开支则较大；老年人对住宿、饮食、交通的要求比较高；妇女的旅游消费中以购物消费所占比重最大；政府官员、商人、参加会议的旅游者则要求现代化的旅游设施设备、高质量的饮食和服务。此外，旅游者的手套和带薪假日长短的不同，会影响旅游者的停留天数和消费数量；旅游者的文化、习俗有影响着旅游者的爱好兴趣，致使对旅游产品的内容和质量要求各异。总之，旅游者构成的每一个因素，都不同程度地影响着旅游消费方式的变化。

3. 旅游者的心理素质

旅游者的消费习惯、购买经验、周围环境都不同程度地影响着消费结构，消费方式的示范性及旅游者的从众心理也影响旅游者的支出投向，如历史上星期的温泉旅游热、海冰旅游热及现代化的文化旅游热等。

（二）旅游产品的状况

旅游者的个人因素属于旅游消费的主体因素，而旅游产品的状况则是旅游消费的客体方面的因素。由于旅游产品是一种高层次的产品，而且与其他休闲产品有很强的互补性，弹性比较大，旅游产品的质量和价格在很大程度上影响着旅游消费方式。一旦旅游产品的质量变差或者价格提高，旅游者的需要难以得到满足或者存在其他更好的满足方式，旅游者很可能就会放弃这一旅游方式而选择其他旅游方式，甚至放弃旅游。另外，旅游产品的供给结果会直接影响到旅游消费方式中的消费结构。

1. 旅游产品的结构

生产发展水平决定消费水平，产品结构从宏观上制约着消费结构。向旅游者提供的住宿、餐饮、交通、游览、娱乐和购物等各类旅游产品的生产部门是否协调发展，旅游产品的内部结构是否比例恰当，都是影响旅游消费方式的因素。特别是在国民经济中，向旅游业提供服务的各相关产业部门的机构如果搭配不合理，没有形成一个相互协调、平衡发展的产业网，就会导致旅游产品比例失调，各构成要素发展不平衡，从而不仅不能满足旅游者的需求，反而造成供求失衡，破坏了旅游产品的整体性。因此，旅游产品结构决定着旅游消费结构，决定着旅游者的消费水平和消费数量。

2. 旅游产品的质量

发展旅游业不但需要一定数量的旅游产品，而且需要高质量的旅游产品。如果旅游产品的数量符合旅游需求的总量，但其质量差、生产效率低、使用价值小，则仍然不能满足旅游者的消费需求，并且必然要影响到旅游消费的数量和结构。旅游产品的质量包括三个方面：一是向旅游者提供称心如意、物美价廉的旅游产品，即提供的旅游产品要达到适销、适量、适时和适价的要求；二是旅游服务的效率，对每一项旅游服务都要求做到熟练敏捷，为旅游者节约时间，提供方便；三是旅游服务态度，即在旅游服务过程中要礼帽、热情、主动、周到。只有提高旅游产品质量和服务质量，是旅游者获得物质与精神上的充分满足，提高他们的消费水平，才能使旅游消费方式日趋完善。

3. 旅游产品的价格

旅游产品价格的变化影响着旅游者的消费数量和消费结构。由于旅游产品的需求弹性大，当旅游产品的价格上涨而其他条件不变时，人们就会把旅游消费转向其他替代商品的消费，客源量受到很大影响；反之，当旅游产品价格下跌或者旅游价格不变而增加了旅游产品的内容时，人们又会把用于其他商品的消费转向旅游。因此，旅游产品价格变化不仅影响旅游消费构成，而且影响旅游需求量的变化。

（三）经济因素

从微观上说，旅游者个人的介入，尤其是可支配收入的高低在很大程度上决定了旅游消费水平的高低，也影响着旅游消费方式的其他方面。在其他条件相同的情况下，旅游者的可支配收入越高，旅游消费水平也会越高，他的消费中用于高层次消费的部分也会越多，从而旅游者的需要能够得到更大程度上的满足。

从宏观上说，宏观经济的良性发展，一方面可以为旅游业的发展提供良好的机遇和外部条件，促进旅游供给机构的合理化，维持旅游市场的稳定，使旅游市场能够提供质量上乘、价格合理的旅游产品，从而更好地满足和触发旅游者的消费需求；另一方面，可以促进生产力和生产效率的提高，提高旅游者的可自由支配收入，进而间接影响到旅游消费方式。可见，经济的良性发展不管是从宏观上还是微观上，都能够对旅游消费方式起到殊途同归的效果。

（四）政治和社会因素

旅游业的发展要以政治的稳定为客观前提，这是毋庸置疑的事实。和平与发展仍是当代的主题。没有战争，政府鼓励发展旅游业，这是旅游业发展的宏观外部条件。同时，经济的迅速发展也促进了文化的较量和社会的变革，现代社会每时每刻都在改善着人们的消费观和生活理念，旅游消费方式也不例外地受到现代政治大环境和社会环境的影响。

三、旅游消费方式的合理化

（一）旅游消费方式合理化的含义

旅游消费方式的合理化，是旅游消费方式从不合理状态向合理状态过渡的过程。它应当既有利于旅游者身心健康发展，又有利于提高旅游质量、增加旅游乐趣，并且不至于造成对环境的污染、对生态的破坏或者对自认资源的浪费。科学的旅游消费应该体现出可持续消费的特点。

（二）旅游消费方式合理化的重要性

1. 合理的旅游消费方式有利于可持续发展的实现

第二次世界大战以后，和平与发展逐渐成为时代的主题，各国的经济和社会进入了一个迅速发展的阶段，旅游越来越成为人们不可缺少的休闲方式，世界范围内出现了大规模的游客流动，大众旅游的时代已经到来。然而随着大众游客的迅猛增加，旅游者素质不高，使许多旅游目的地交通拥挤，景区人满为患，造成了对旅游资源的破坏。同时，由于旅游业经验管理不善，旅游目的地盲目开发，导致了各类旅游接待设施的破坏、旅游环境的污染和生态的破坏，减弱了旅游资源的吸引力。倡导合理的旅游消费方式，限制不合理的污染和破坏，有利于改善旅游目的地的资源和环境问题，促进旅游目的环境的回复和资源的再生，有利于可持续发展的实现。

2. 合理的旅游消费方式有利于促进目的地的经济稳定增长

改变旅游者的消费观念和消费方式，鼓励旅游者适时、适当地进行文明、健康、科学旅游消费，可以激发旅游者的高层次消费需求，减少对资源的破坏和浪费，从而提高旅游目的地资源的再回收利用率，降低目的地的经营管理成本，最终促进经济的健康运行和持续稳定增长。

3. 合理的旅游消费方式有利于提高旅游者的消费水平和质量

不合理的消费方式不仅会对环境和资源造成浪费和破坏，而且不能充分地满足旅游者的需求。合理健康的旅游消费方式可以引导旅游者以较低的成本获得最大的满足，提高旅游者的消费水平和消费质量。

(三) 实现旅游消费方式合理化的方法和条件

1. 转变落后观念，形成可持续的消费观念，包含旅游消费环境

旅游消费环境的保护不仅仅是旅游目的地少数维护者的工作，更是所有旅游者应该具有的社会责任感。如果没有旅游者的配合，旅游目的地的保护和恢复的速度和力度永远都比不上旅游者的破坏速度。只有转变旅游者的落后观念，激发旅游者合理需求，抑制过度和不合理的欲求，促使旅游者形成可持续的消费观，并且形成良好的社会文化环境与保护的意识和氛围，倡导全员皆是保护者，才能真正地保护旅游消费的环境，实现旅游的可持续发展。

2. 加快体制改革，优化旅游消费机构

要实现旅游消费方式的合理化，必须促使旅游消费结构不断优化。这就要求旅游消费的内容、活动方式必须丰富多彩、生动活泼，并且具有一定的层次性，可以满足旅游者不同层次的需求，激发旅游者的高层次消费，加快旅游者体力和智力的恢复和发展。只有这样，才能推动人们转变消费观念，形成科学的消费方式，而这些都需要旅游体质改革加以配套。

3. 改善市场供给，加快经济发展，提高旅游消费水平

合理的旅游消费方式，必须要有丰富的旅游产品和较高的收入水平作条件。因此，需要不断丰富旅游产品的呈现形式和类型，改善市场供给结构；加快经济发展的速度，提高人们的可自由支配收入，以提高旅游者的消费水平，使旅游者可以更好地从旅游过程中感受到舒适愉悦，提高自己的思想和文化修养，满足各方面的需求，得到充分的享受和发展。

第二节 个体旅游消费与群体旅游消费

一、个体消费与群体消费

（一）个体消费

个体消费指消费基金归个人或家庭所有，家庭和个人根据自己的经济状况和审美情趣选择适合自身的具体的消费方式。它具有差别性、分散性、灵活性等特点。个体消费的对象包括个人及家庭的实物资产、金融资产及劳务服务的消费，具体包括为个人及家庭消费而购买的食品、衣物、生活用品、文化用品、耐用消费品及非商品服务，还包括亲友馈赠、社会救济、困难补助、物价补贴及各种奖励、赞助等。个体消费并不是社会主义所特有的，它是在从原始公社解体以来的各个社会形态都存在的。在社会主义阶段，个体消费和家庭消费方式作为社会主义消费方式的主体，有其深厚的客观基础，并将长期存在。

个体消费对我国经济发展具有重要意义。首先，它有利于社会主义公有制和劳动者个人物质利益的最终实现。通过个体消费，一方面可以保证个人的物质利益获得实现，另一方面可以增强个体的主人翁意识和责任感，从而充分调动和发挥人们的生产积极性和主动性，进一步完善和发展社会主义市场经济。其次，个体消费的存在和发展，有利于劳动力再生产的顺利进行，从而有力地促进和推动社会主义物质生产和精神生产的正常发展。最后，个体消费能够保证个人过上最美好、最幸福的生活，实现社会主义生产的根本目的。

（二）群体消费

群体消费，指有具有一种或多种相同的特性或关系的集体统一发生消费行为。

从消费者行为分析角度，研究群体消费至关重要。首先，群体成员在接触和互动过程中，通过心理和行为的相互影响与学习，会产生一些共同的信念、态度和规范，它们对消费者的行为将产生潜移墨化的影响。其次，群体规范和压力会促使消费者自觉或不自觉地与群体的期待保持一致。即使是那些个人主义色彩很重、独立性很强的人，也无法摆脱群体的影响。再次，很多产品的购买和消费是与群体的存在和发展密不可分的。比如，加入某一球迷俱乐部，不仅要参加该俱乐部的活动，而且要购买与该俱乐部的形象相一致的产品，如印有某种标志或某个球星头像的球衣、球帽、旗帜等等。

（三）个体消费与群体消费的关系

个体消费与群体消费既相互补充、相辅相成，又相互矛盾。一方面，两者是相互补充的，个体消费的充分实现及内容的不断充实，可以使消费者的利益得以实现，为更快更好地发展群体消费创造良好的条件；而群体消费的发展，可以使消费者获得自由全面的发展，在更广泛的意义上使个体消费得以实现。另一方面，两者又是相互矛盾的，主要表现在现阶段个体消费不能完全取代群体消费，而群体消费同样不能完全取代个体消费；在总消费或消费总量一定的情况下，个体消费占的比重过大，群体消费就会相应减少，反之，群体消费所占比重过大也会挤占个体消费部分。

在我国现阶段，生产力的发展水平还不高，经济基础并不雄厚，个体消费还必须是人们消费的主要方式，国家还不具备大量举办群体消费并提高其比重的能力，任意提高群体消费的比重是不现实的。相反，我国近年来在不断缩小群体消费的范围，降低群体消费比重，适当提高个体消费的比重，这样做有利于促进社会主义市场经济的发展，发挥按劳分配规律的作用，调动劳动者的积极性和创造性。只有生产力发展水平大大提高，才可以逐步提高群体消费的比重。对群体消费的比重会逐步提高这一发展趋势，要从长期发展的动态中去理解，并不意味着在任何时候、任何条件下都要提高群体消费的比重，扩大群体消费的范围。

二、群体与群体旅游消费

（一）群体

1．群体的概念

群体指由两个或两个以上个人组成，为实现个人或整体目标而相互关联、相互作用的人群；他们具有一套共同的规范、价值观或信念，彼此之间存在着隐含的或明确的关系，其行为是相互依赖的。群体必须是具有以下特征：首先，群体是两个以上相互影响的人组成的社会单位；其次，群体中的成员之间具有某种依赖性；再次，成员从相互影响中获得满足。

2．群体的划分标准

群体可以按照不同的标准进行划分。营销者发现有四种划分标准最为有用，它们分别是：成员资格、社会联系强度、接触类型、吸引力。

划分标准	
成员资格	群体的划分标准
社会联系强度	
接触类型	
吸引力	

图 5.1　群体的划分标准

（1）成员资格。

成员资格的标准是两分的：一个人或者是某个群体的成员，或者不是某个群体的成员。当然，有些成员的资格比另一些成员更安全，即有些成员感到他们真正属于那个群体，而另外一些人却缺乏这种信心。

（2）社会联系强度。

社会联系强度指群体联系的紧密度，分为首要群体和次要群体。首要群体，如朋友、家庭，会涉及很强的联系和经常的接触。次要群体，如职业或者邻里关系，所涉及的联系就要弱一些，接触也相对少一些。

（3）接触类型。

接触类型指相互之间的联系是直接的还是间接的。直接接触涉及面对面的联系，而间接联系则不是。例如，互联网通过虚拟社区的方式增加了间接参照群体的重要性。

（4）吸引力。

吸引力指个人对群体成员资格的欲求程度。这种欲求有消极的也有积极的，有负面态度的群体——背离群体或厌恶群体，也有积极态度的群体，它们都能够影响人的行为。人们没有成员资格但希望加入的群体，被称为仰慕群体或渴望群体，它对个体有着强大的影响力。个人经常会购买他们认为渴望群体成员会使用的产品，以获得该群体实质上或象征性的会员资格。

3．群体的种类

（1）首属群体与次属群体。

首属群体：如果一个人与群体中其他人的相互作用是有规律的，对这个人来说，这些人就形成了首属群体。

次属群体：如果一个人与群体其他成员只是偶尔发生互动关系，这些人的观点，态度对这个人来说也不是很重要，那么这个群体对他来说就是次属群体。

（2）正式群体与非正式群体。

正式群体：目标具体明确，群体有较固定的角色。

非正式群体：结构松驰，也没有明确的权力层次和群体目的。如隔一段时间便聚会一次的几个好同学就属于非正式群体。

（3）隶属群体与参照群体。

隶属群体：如果一个人是某些群体的成员之一，这些群体对他来说就是隶属群体。如宗教组织的教友会，退役军官协会等。

参照群体：如果一个人在某些群体中不具备成员资格，但他同意并接受这些群体的价值观念、态度和行为方式，那么，这些群体对他来讲就是参照群体。

4．群体对消费的影响

群体对其成员的影响主要有三种方式：信息性影响、规范性影响和认同性影响。

（1）信息性影响。

信息性影响出现于个人把参照群体成员的行为和观念当作潜在的有用信息加以参考时，其影响程度取决于该影响者与群体成员的相似性以及施加影响的群体成员的专长。例如，某人发现其所关注的某个田径运动员在使用某种品牌的营养品，于是他决定使用一下这种品牌，因为这些健康和充满活力的运动员在使用它，所关注的田径运动员对该品牌的使用提供了该品牌的间接信息。

（2）规范性影响。

规范性影响又叫功利性影响，是指个人为了获得赞赏或避免惩罚而满足群体的期望。为了得到同事的赞同，你或许会专门购买某个牌子的葡萄酒，或者因为害怕收到朋友的嘲笑而不敢穿新潮服装。正如你想象的那样，群体跟个人的联系越紧密，产品越会受到社会关注，那么规范性影响就越强烈。广告声称，如果使用某种商品，人们就能得到社会的接受和赞许，实际上就是利用规范性影响；同样，宣称如果不使用某种产品就得不到群体的认可，采用的也是群体对个体的规范性影响。

（3）认同性影响。

认同性影响也称价值变现影响，这类影响的产生以个人对群体价值观和群体规范的内化为前提。在内化的情况下，无需任何外在的奖励，个体就会依据群体观念与规范行事，因为个体已经完全接受了群体的规范，群体的价值观实际上已成为个体自身的价值观。

（二）旅游消费群体

1. 家庭

家庭成员的决策角色有六种。① 影响者：向其他家庭成员提供有关旅游目的地、旅游企业、旅游服务等方面信息的家庭成员。② 控制者：阻止有关旅游消费信息在家庭内部传播的家庭成员。③ 决策者：有权最后决定是否进行某种旅游消费的家庭成员。④ 购买者：负责实际购买的家庭成员。⑤ 准备者：为旅游作各方面准备的家庭成员。⑥ 最终消费者：发生实际消费行为的家庭成员。

2. 朋友

朋友是典型的非正式群体，朋友所构成的群体没有严格的组织结构和权力层次，但朋友之间对旅游消费行为的作用却仅次于家庭。与他人建立友谊也是一个人成熟和独立的象征，标志着他已走出家庭、进入社会。和朋友一起旅游度假已是很常见的现象，有些人参加旅游团的目的就是结交朋友。

3．正式的社会群体

对旅游业来说，这些正式的社会群体是极其重要的旅游消费市场。例如，种族组织有可能组织成员到名胜古迹去访问；专业协会需要组织学术研讨会或年会；各种体育或娱乐俱乐部更是经常向成员推荐各种旅游项目，甚至资助某些活动。

4．旅游团体

旅游团体是一种特殊的、与旅行社的经营活动直接相关的群体形式。旅游团体提供的方便和好处主要表现在三个方面：第一，计划性强，旅行社事先精心安排了旅游团的活动日程，选择了一个地区最有价值的旅游景点，导游的帮助大大节省了活动的时间，较好地解决了“在有限时间内看什么”的问题。第二，旅游团有导游带领，导游在旅游者和陌生的环境之间起到一个缓冲的作用，并负责处理语言和食、住、行、游、购、娱等各方面有可能出现的麻烦和问题，使旅游者能够较顺利地完成旅游活动。第三，有导游的旅游团体还有一些其他的功能，如减少同行者之间的分歧，使旅游者有一种归属的感觉，为旅游者提供了分享、交流旅游经历的机会。

（三）群体特征及其对旅游消费行为的影响

1．地位

地位指一个人在群体中或在社会中所被认可的位置以及与此相关的权利和义务。在分析旅游消费者行为的过程中，地位是一个重要的因素。例如，在家里有户主地位的人对家庭旅游消费有很大的决策权力；公司企业中的人事部经理或总经理秘书有责任负责本企业职工的奖励旅游。

2．规范

群体规范是那些要求群体成员共同遵守的制度或行为标准。对非正式群体来说，规范往往是不成文的，但它是约定俗成，能被所有成员所理解和接受的。为了得到相关群体的接受和认可，我们往往都知道自己该怎么做，不该怎么做，该消费什么，不该消费什么。

3. 角色

角色指与某一地位相关的所有行为模式。角色是地位的动态概念，包括由社会希望具有某一地位的人所应有的态度、观念和行为。在某种程度上，社会结构为每个角色规定了可以接受的行为方式，所以这些行为也往往是可以预料的。

4. 社会化

社会化指一个人学习群体的价值观、规范、行为等体系的过程。消费者社会化是学习和掌握消费知识和技能的过程。一个人在很小的时候主要是通过对父母的观察学习消费行为规范，长大以后便开始从家庭以外的其他人那里学到可被社会接受的消费方式。

5. 群体力量

群体具有影响其成员行为的力量。群体力量有许多种类型，分别在不同的群体形势下发挥作用。

奖赏力：社会群体常常能施予其成员很大的奖赏力，这种奖赏力能使群体成员表现出被希望的行为。市场开发人员也直接或间接地利用群体奖赏力影响消费者行为。例如强调某种旅游消费可以提高消费者在某些群体中的地位。

强制力：通过惩罚或取消奖赏来影响群体成员行为的力量。对类似于口香糖、保健产品、旅游保险等的促销策略，往往都是通过强调不消费有可能带来不幸后果而促使消费行为的发生。

参照力：一个人并不隶属于某一群体，但有成为该群体成员的强烈愿望，希望自己在各方面能与自己所向往的这个群体保持一致。

（四）参考群体对旅游消费行为的影响

1. 参考群体的概念

参考群体是一个人在形成一般或具体的观念、态度和行为的过程中用以比较或参考的任何个人或群体。这一概念没有限定可以做为参考群体的群体规模，没有限定个人与群体的隶属关系，也没有要求参考群体一定是现实存在的（即它可以是一个象征性的群体）。它被广泛应用于消费者行为研究。

2. 参考群体的类型

（1）交往群体：个体与其交往群体具有经常的面对面的交往，并赞同该群体的其他成员的价值观、态度和行为标准。

（2）向往群体：个体不是该群体成员，与该群体也没有面对面的交往，但对这个群体很赞赏。所以，这个群体对他就会有积极的影响作用。

（3）否认群体：个体是这个群体的成员，也与群体有面对面的交往，但反对该群体的价值观、态度和行为，所以倾向于接受与群体规范相对对立的态度和行为模式。

（4）躲避群体：个体不是某群体成员，与群体无面对面交往，反对这个群体的价值观、态度和行为，所以他就倾向于接受与群体相反的价值观、态度和行为。

3. 愿意接受参考群体的影响原因

（1）信息作用：消费者认为，参考群体使自己对周围环境的了解和应付环境的能力都得到了加强。消费者一方面从参考群体中的某些成员那里主动获取信息，另一方面通过观察参考群体成员的行为得出自己的结论。

（2）功利作用：指对个体顺从其他人或群体的喜好或期望的压力。在购买环境中，消费者在一定条件下会产生顺从的倾向，即相信自己的行为会被大家看到或知道；意识到别人控制着奖赏或惩罚的选择；消费者有争取奖赏或避免惩罚的动机。

（3）价值表现作用：人们一般通过把自己与积极的参考群体相联系或与消极的参考群体相分离的方法加强和支持自己的自我概念。它是与人的这种动机相联系的。群体影响表现为两个不同的过程，一是一个人可能利用参考群体来表现自己；二是一个人可能就是喜欢这个群体并愿意接受其影响。

4. 参考群体的利用

（1）名人效应：名人是很有吸引力的参考群体。对公众来说，明星是生活的成功者，他们的生活是许多人的理想。公众认为，他们如此出名，如果不是产品真好，他们不会为它作商业广告，他们推荐这种商品一定是真的信服它。

（2）专家效应：专家是被认为有丰富专业知识和消费经验的人。这些人或因从事相应的职业，或因受过专业培训，或者是在某方面有着丰富的经历，使他们成为广大消费者的参考对象。

（3）“共同性”效应：人们要考虑被选取的参考群体与自己有多大的共同性。

第三节　绿色旅游消费

一、绿色旅游的内涵

绿色是现代人类文明的重要标志，它往往用来比喻“环境保护”“回归自然”生命”等内涵。从这个角度来说，“绿色旅游”应该是一种比喻的说法，然而确定的定义确是仁者见仁，智者见智。郭因在《绿色世界与绿色旅游》一文中强调：美在于整体和谐，这整体不仅是指一个风景区，更不只是指一个风景点，而是指的与这个风景区有关的一切，包括它的周围环境、它的风土人情等等，还应包括旅游服务人员的服务质量。由此可见，“三大和谐”理论便是“绿色旅游”的含义；蔡家成在《西部旅游开发理论与实务》一书中特别区别了生态旅游，指出生态旅游不等于绿色旅游，绿色旅游指在旅游消费、生产建设、经营服务等各个环节、各个方面所倡导和实行的一种保护生态环境、求得生态平衡的原则和方式；也有人认为所谓绿色旅游是指包括旅游者、饭店、景点管理者、旅行社和导游在内的旅游参与者在整个旅游过程中的各个环节都必须尊重自然、保护环境；更有甚者认为绿色旅游并不复杂，指的是在旅游时，既保证自身的安全，也不伤害动植物，同时使环境得到保护。

绿色旅游是用来指导旅游企业在环境管理方面的发展方向，它可以理解为与可持续开发旅游、生态旅游类似的概念，即在为社会提供舒适、安全、有利于人体健康的产品的同时，以一种对社会、对环境负责的态度，合理利用资源，保护生态环境。绿色旅游中融入了可持续发展理念，贯穿了人地和谐相处的思想。因此，绿色旅游指包括旅游者、饭店、景点管理者、旅行社和导游在内的旅游参与者在整个旅游过程中的各个环节都必须尊重自然、保护环境。绿色旅游是以认识自然、保护自然、不破坏自然生态平衡为前提的，是经济发展、社会和谐、环境价值的综合体现，它需要经营者和旅游者共同提高环保意识。

尽管有诸多不同的定义，但总的来说，绿色旅游应该属于旅游活动的范畴，它具有以下特征。

(1) 以自然环境为资源基础。绿色旅游作为一种旅游活动，就应该具有旅游活动的性质。旅游活动依托于自然资源环境，绿色旅游当然以自然环境为资源基础。

(2) 运用绿色理念，坚持绿色管理。对于旅游开发商以及经营商要求必须为社会提供舒适、安全、有利于人体健康的产品的同时，以一种对社会、对环境负责的态度，合理利用资源，保护生态环境。

(3) 倡导绿色消费。要求旅游者具有强烈环保意识与较高的环境道德水平，在旅游过程中，保证自身的安全，也不伤害动植物，严格遵守旅游点的规章制度，不带走旅游点原生态的任何东西，使环境得到保护。

(4) 强调“三大和谐”。绿色旅游不仅像生态旅游强调人与自然的和谐，而且强调人与人的和谐，人自身的和谐，就像郭因先生强调的“人与自然的和谐是基础，人与人的和谐是保证人自身的和谐是动力。三者相辅相成，缺一不可”。

(5) 绿色旅游不等于可持续旅游。可持续旅游是一种原则和方向，偏重于产业发展；绿色旅游只是一种特殊的旅游形式，绿色旅游是可持续旅游这种原则方向的具体应用。

二、绿色旅游消费的意义

在人类面临生存环境危机的形势下，人们的环境意识逐渐觉醒，绿色运动及绿色消费席卷全球。而绿色旅游消费作为绿色消费的一种形式，一经提出就在全球引起巨大的反响，它是绿色消费结合旅游业现状的一个提法。从生态旅游消费本身来看，其形成和发展都有赖于消费者的绿色消费观念。而在当今社会，生态旅游理念的提出就具有其特有的意义。

(一) 绿色旅游是对不可再生性资源的保护

从结构上进行分析，旅游景观不仅是一种有限的资源，而且遭到破坏就无法复原，具有不可逆性。

（二）绿色旅游能够满足人类对生活品质的不断需求

旅游活动包括在大自然环境中的自然欣赏以及在文化环境中对人文景观的欣赏。从这种活动中，不仅可以获得适当的身心运动和锻炼体魄，使身体更加健康；从静态休闲活动以及净化心灵满足人们生理及心理上的需求中获得的各种感受，使旅游者感觉幸福，培养了人们高尚的情操、自尊的情怀以及精神上的追求。人类的生活需要生态旅游进行调剂，为了满足人们精神上和物质上的需求，人类情愿花钱去获得更好的旅游质量。总之，不管时代多么进步、工商业多么发达，人类对生态旅游的需求是不可能降低的。

（三）绿色旅游是对历史资源的传承和延续

从旅游中，我们可以感受到各个历史阶段的痕迹，这些痕迹使我们具有不可替代的教育意义、象征意义和潜作用力，生态旅游也为后世子孙留下了最好的宝贵财富。

（四）绿色旅游的社会生态价值链

旅游资源绝不是取之不尽、用之不竭的。自然资源是有限的，而且不可逆。即使是人造景观，“再生”的结果也可能使文物价值荡然无存。倡导以绿色消费的观点来看待生态旅游消费，贯彻可持续旅游发展战略正是旅游业赖以繁荣的根本。发展旅游循环经济，应实施绿色经营策略，大力开展生态旅游。

三、我国有效实现绿色消费中的生态旅游的途径

（一）建设资源节约型社会和环境友好型社会

旅游业综合性强、关联度大、涉及面广，具备促进生产、拉动消费、

娱乐体验、人际交往、学习教育、传播交流等诸多功能。旅游与生态环境相互依存，互相促进。旅游需要优良的生态环境，旅游能够有效地促进环境保护和生态建设。贯彻落实科学发展观，正确认识和处理环境保护与旅游发展的关系，有效保护生态环境，实行科学的旅游建设、经营、服务和消费行为，是旅游业实现可持续发展的必然途径。

（二）实施生态旅游的可持续发展战略

发展生态旅游，可以切实提高全民族的生存质量，改善生活品质，推进小康社会建设。在国际上，牢固树立起负责任大国的形象。和谐社会需要和谐产业，生态文明呼唤生态旅游。在我国，发展生态旅游具有时代必然性、市场可行性及工作紧迫性，已经成为我国经济社会可持续发展战略和基本国策的重要组成部分，具有重要的现实意义和广阔前景。

（三）采取有效促进绿色旅游消费的措施

随着旅游市场上绿色消费项目的成熟，如何采取有效措施促进绿色旅游消费，引导旅游者进行绿色消费，有赖于旅游媒体和旅游地政府的共同努力。政府采取了各项刺激消费需求的政策措施，以拉动经济增长。

四、绿色旅游消费新发展——低碳旅游消费

（一）低碳旅游消费方式

随着全球气候变化的加剧，资源环境与经济发展的矛盾日益突出，低碳经济已成为社会发展的必然趋势。低碳旅游是顺应低碳经济的发展而产生的，其概念最早见于 2009 年 5 月世界经济论坛走向低碳的旅行及旅游业的报告。我国低碳旅游概念的首次明确提出，是在 2009 年 11 月 1 日在深圳举行的主题为“发展低碳旅游促进合作共赢”的“2009 两岸三地旅游行业发展高峰论坛”上。我国发展低碳旅游方式首次出现在国家政策层面是国务院于 2009 年 12 月 1 日发布的《国务院关于加快发展旅游业的意见》，该意见明确提出大力推进旅游节能节水减排工程，倡导低碳旅游方

式。可见，对即将成为世界最大的旅游目的地国家、世界第四大游客来源国、第一能源消费大国的中国来说，低碳旅游已受到政府、学界和社会的广泛关注，发展低碳旅游成为我国旅游业可持续发展的必然选择，同时也是我国低碳经济的重要组成部分。而在选择发展低碳旅游之路的同时，就意味着中国选择了低碳旅游消费方。因为低碳旅游消费方式是低碳旅游的一个重要组成部分和环节，不可或缺，只有旅游者接受并实行低碳旅游消费才能从根本上推动低碳旅游生产，缺乏低碳旅游消费就无法给低碳旅游生产找到一个最终的出口，从而导致发展低碳旅游成为空中楼阁，无从谈起。因此，实现低碳旅游消费不仅仅是消费本身的问题，而且是关系到低碳旅游生产能否顺利开展、最终实现低碳旅游的根本性问题。因此，研究我国低碳旅游消费方式与推行策略具有十分重大的现实意义与理论意义。

低碳旅游消费方式指旅游者在消费旅游产品的过程中，通过各种方式和途径来减少旅游者的个人旅游碳足迹。毫无疑问，低碳旅游消费方式，就是尽可能避免消费那些会导致二氧化碳排放的旅游商品和服务，以减少温室气体产生的旅游消费方式。低碳旅游消费作为新兴的旅游消费模式，是要将保护旅游环境与满足旅游消费所需两者高度协调，要让旅游者在旅游消费的过程中学会合理消费，使得旅游消费行为与旅游消费结构更加科学化，达到致旅游消费的合理结果，一是温室气体排放量最低；二是对旅游资源和能源的消耗量最小、最经济；三是对消费主体和旅游环境的负面影响最小；四是推动低碳旅游技术开发与应用、低碳旅游产品研发、生产与消费；五是有助于旅游的可持续发展。低碳旅游消费方式回答了旅游者怎样拥有和拥有怎样的旅游消费手段与对象，以及怎样利用它们来满足自身享受和发展需要的问题。低碳旅游消费方式是当代旅游者以对自然、社会和后代负责任的态度在旅游消费过程中积极实现低能耗、低污染和低排放。这是一种基于文明、科学、健康的生态化消费方式，其实质是以低碳为导向的一种共生型消费方式，凸显的就是低碳这个价值取向。它均衡了物质消费、精神消费和生态消费，使人类社会能实现代际公平与代内公平，有利于旅游可持续发展。低碳旅游消费方式体现人们的一种心境、一种价值和一种行为。低碳旅游消费方式代表着人与自然、旅游经济与旅游环境的和谐共生式发展。低碳旅游消费方式的实现程度与旅游经济发展阶段、社会消费文化和习惯等诸多因素有关。因此，推行低碳旅游消费方式是一个不断深化的过程。

（二）畅行低碳旅游消费方式

推行低碳旅游消费方式是一个系统的工程，它需要旅游者、旅游企业及政府部门长时间的共同努力。方可呈现出旅游者自觉遵循低碳旅游消费方式、享受低碳旅游消费生活的良好局面。

1. 通过低碳游客行为来推行低碳旅游消费

对于广大的旅游者来说，要倡导绿色旅游新风尚，并通过以下低碳游客行为来推行低碳旅游消费，让旅游者真正体验低能耗、低污染、低排放的低碳旅游方式。

（1）主动减少碳排放量。一是倡导低碳旅游交通方式。不同的旅游交通形式，碳排放量差异明显。如在跨国旅行活动中，航空旅游虽然只占17% 的旅游行程，却占了54% ~75% 的旅游碳排放量；而公共汽车交通和铁路虽然占到了所有旅游运输量的16% ，但只占1% 的碳排放总量。在瑞典，1 000 公里的旅游距离，如果选择使用风和水能源的铁路交通，旅游者的人均碳排放量为10g，如果选择航空交通，碳排放量为15g。毫无疑问，旅游者在进行旅游交通的选择中应尽量以徒步、自行车、公共汽车、混合动力汽车、电动车、铁路等相对低碳或无碳的旅游交通方式取代自驾车、航空等高碳交通方式。旅游者在选择同一类型的旅游线路时，尽量选择个人旅游碳足迹相对少的旅游线路。二是倡导低碳旅游住宿餐饮方式。旅游者在选择旅游住宿餐饮服务时，尽量选择带有绿色标签的旅游酒店。在进行餐饮食物的选择时，应优先考虑各种绿色食品、生态食品，尽量食用本地应季蔬菜水果，不使用一次性餐饮工具。住宿时少使用空调，选择淋浴，尽量不使用酒店提供的一次性用品，不用每天更换床单被罩，自备牙刷、牙膏和拖鞋等旅游物品。三是优先选择低碳旅游活动。旅游者在选择旅游活动时，应优先选择体育、运动、低碳旅游体验活动。四是倡导低碳游览行为。旅游者要合理安排路线，旅途中尽量不使用一次性餐具，自备水具，不喝瓶装水，旅途中自觉捡拾遗弃垃圾及维护景区卫生，尽量不在景区留下自己的痕迹。五是倡导低碳购物行为。旅游者要尽量选用本地产品、季节产品及包装简单的产品，不购买过度包装的旅游纪念品等。

（2）主动做好碳补偿。除了旅途中尽量选择低碳的方式旅行外，还可以在行程结束后计算自己的碳排放，通过植树等措施进行碳补偿来减缓气候变化，降低地球的负担。碳补偿即人们计算自己在旅游活动中直接或间接制造的二氧化碳排放量，并计算抵消这些二氧化碳所需的经济成本，然后个人付款给专门企业或机构，或者通过义工旅行、通过特定组织，参与到减碳活动中，如自己亲身参与或者通过第三方植树造林，参与其他环保项目来抵消大气中相应的二氧化碳排放量。

(3) 摒弃旅游消费观念上的豪华享乐思维。在国外，周末全家人一起骑自行车郊游已成为最流行的休闲活动。而在中国，这个曾经的自行车王国，奢侈的、豪华的旅游消费成为有些人彰显自己权势和地位的象征，勤俭节约的传统美德似乎成了历史名词。其实，旅游者的思想意识中注意节约，尽可能地不浪费能源，不制造太多的垃圾，旅游者的旅游方式就已经减碳了。因此，旅游者摒弃豪华享乐思维，树立低碳旅游消费的观念，才是实施低碳旅游消费方式的根本所在。

2. 大力发展低碳旅游产业，推动低碳旅游消费

旅游企业是低碳旅游消费产品的提供主体，只有旅游企业提供了丰富的低碳节能的旅游消费品，使旅游者能够选择性地购买不同低碳化程度的旅游产品，才能有更广泛、更深入地推行旅游者进行低碳旅游消费方式的物质基础。因此，低碳旅游产业和低碳旅游产品市场是推动低碳旅游消费的重要支撑，必须尽快调整旅游产业结构，大力发展低碳旅游生产，培植低碳旅游产业。作为资源消耗主体的旅游企业，应主动承担社会责任，发扬社会公德精神，推进低碳旅游消费的实行与发展。旅游企业在旅游生产过程中应不断引入高新技术，主动降低耗能，尽可能利用太阳能、风能、天然气等清洁能源，积极利用新能源新材料，广泛运用节能节水减排技术，实行合同能源管理，实施高效照明改造，减少温室气体排放，积极发展循环经济，进而推动旅游产业的升级，带动旅游产业以及旅游产业技术进步，从而向旅游市场上供应低碳旅游产品。

3. 充分发挥政府对低碳旅游消费的引领作用

政府作为最主要的公共事务管理者，应该承担起实现低碳旅游消费的引导者的责任。

(1) 政府应培育全民低碳旅游意识，营造低碳旅游消费文化氛围。政府可利用通俗易懂、丰富多彩的宣传活动，培育全民低碳旅游意识，营造低碳旅游消费文化氛围。如采用电视、电影、广播、报刊等媒体形式，定期邀请相关专家组建低碳旅游消费宣讲团，编写低碳旅游消费宣传手册等手段，宣传低碳旅游消费方式的必要性和重要性，讲清传统旅游消费方式对人类社会和旅游环境造成的危害，让旅游者了解低碳旅游消费的内涵，偏好低碳旅游产品，培育旅游者的低碳旅游消费意识，营造低碳旅游消费文化氛围。使旅游者逐渐自觉树立人与自然协调的低碳旅游消费观。通过政府的积极宣传和引导，改变和规范人们的旅游消费行为，使旅游者注意旅游过程中的低碳细节，控制或者注意个人的碳排量，珍惜能源，物尽其用。让低碳旅游消费逐渐成为一种习惯。拒绝一次性消费（如一次性木筷、纸杯、纸巾等）、便捷消费（如塑料袋等白色污染）以及高能耗消费，减少旅游过程中的便利消费，戒除面子消费、炫耀消费、奢侈消费等旅游消费陋习，逐渐养成低碳化、低能耗的旅游消费模式和习惯。

（2）政府应出台并完善刺激低碳旅游消费的相关法规政策，为低碳旅游消费提供制度保障。一是对低碳旅游产品的生产和消费提供税收、贷款、补贴和政府优先采购等多方面的优惠，刺激低碳旅游产品生产的同时，鼓励引导旅游者购买低碳旅游产品，并减少旅游者因使用低碳旅游产品增长的开支；二是对严重破坏旅游环境、浪费资源的高碳旅游消费行为予以制止和取缔；三是增加低碳考核指标，对地方政府的绩效评比与低碳旅游发展水平挂钩，以加强各级政府对低碳旅济的关注度，从而刺激低碳旅游消费的推广。总之，要利用多种经济政策和法律法规，使之形成合力，有效地抑制旅游消费主体的高碳旅游消费方式。

第四节　休闲旅游消费

一、休闲消费与休闲旅游

（一）旅游业发展拉动休闲消费

旅游业一直被认为是世界上发展最为迅速、前景最为广阔的产业之一，随着人们生活水平的提高，回归自然、访古探幽的兴趣高涨，旅游显示出无穷的魅力。旅游这种休闲消费把旅游情结、文化娱乐、体育健身三者融合在一起，倍受喜爱。这种休闲消费既使消费者增加了阅历、陶冶了性情，又享受了人生、强健了体魄。随着旅游业的发展，休闲产业会更突显其多元化趋势。

（二）文化娱乐成时尚休闲消费

近年来，文化市场成为市民和游客休闲观光的重点。人们在休闲中追求文化品位、文化享受，感受文化氛围，接受文化熏陶。利用休闲时间进行文化娱乐是人们休闲消费最主要、最普遍的需求。市民常常选择在家观看电视、录像、家庭影院，或外出观看电影、观赏节目、听音乐、跳舞。还有的经常以亲朋好友为群体，切磋棋艺，品尝茶艺，喝咖啡或尽情享受泡吧文化和网络文化的乐趣等。这些积极健康的文化娱乐活动，不仅使人们得到高尚有益的休闲，而且可以得到高雅美好的艺术享受。从文化市场的种种迹象表明，近年来各地文化市场潜力巨大，如报刊、图书和电影、音像。

（三）运动休闲消费市场发展势头

随着人们生活质量的不断提高，人们愿意把休闲时间和部分收入花在强身健体上，游泳馆、羽毛球场、跆拳道馆、旱冰场、男子健身房、女子健美中心、台球厅、瑜珈馆等，已经成为人们节假日或休息时间常去消费的场所。至于观看足球、篮球、排球、体操等比赛，更是多得不可胜数。由此可见，运动健身所占的市场空间较大，这种休闲消费的市场前景看好。

（四）商业街呈现休闲特性

现代的商业街里，商场、超市林立，各种专卖店、餐饮店应有尽有。加之城市及城乡之间交通便利，市民已将“逛街”看成首选的休闲方式，商场也就成为休闲产业最大的窗口之一。从不少商厦到专卖店都十分注重美化购物环境，许多商场引进盆景、鲜花、灯光喷泉、艺术雕塑乃至假山鱼池，使购物环境充满活力，成为温馨世界，让顾客在浏览购物之中得到美的享受。还有更多的时装专卖商场推出流行服饰展览、名师获奖作品展、时装模特表演，让人领略到一种文化氛围，增添了不少艺术渲染力，使顾客感觉不是单纯的购物，而是置身于特定的艺术环境中，成为一种享受。

（五）休闲农业受到城市居民青睐

随着城市居民收入水平的提高，人们崇尚大自然、回归大自然的生态意识不断增强，因而出现了休闲农业。许多市民利用节假日和家人或朋友到近郊的农家乐和农业示范点去从事种地、观赏、采摘等活动，亲自感受辛劳，并获得田园情调的休闲度假和轻松、愉快、宁静的精神享受。这种耕作体验、品尝消费、疗养修身型的休闲农业旅游是近年市民主选项目之一。

二、促进休闲旅游消费的措施

（一）发挥旅游带动作用促进休闲旅游产业发展

我国旅游资源比较丰富，但是除了现已具有一定知名度的一些景区外，许多景区由于长期以来处于待开发、半开发和开发的初级阶段，又缺乏高水平的策划包装，加上财力有限，促销乏力，因而不能对国内外市场产生较大的吸引力，造成旅游资源没能发挥出最佳效益。只要增加这些景区的基本配套设施投入，加大促销力度，这些景区就能产生强有力的吸引力，既能分流过热区的部分客源，又可以扩大旅游市场的需求总量。旅游城市要在提高自身承载力上下功夫，改变旅游管理体系中条块分割、职能弱化等弊端，使旅游管理一体化。此外，还应发展城市周边旅游和城郊旅游，以分散游客。引导市区居民在假日到郊外旅游，以便把更多的空间留给外地游客。目前市内的旅行社大多处于小散弱差状态，竞争力不强。因此，政府主管部门一方面要扶优扶强，使具有优势的旅行社得以不断地发展扩大；另一方面要鼓励旅行社组建联合体，内部统一步调，规范运作，优势资源互补，推出精品，开辟特色，提供优质服务。

（二）加强休闲产业链的建设

1. 科学规划，加强管理，大力发展文化娱乐业

据调查，几个长假期间，市民的消费结构中文化消费占家庭、社会消费的比例在不断提高，市民花钱观赏文艺表演、参加各种文化娱乐活动日益普遍。随着休闲旅游产业的发展，应积极发展报刊、图书、电影、音像等传统文化行业，举办书市、花市等富有特色的广场娱乐项目，适当增加文艺演出，开展各种娱乐项目。

要适当增加体育场、运动场等青少年乐于参与的娱乐场所，使他们尽情享受娱乐文化的乐趣，在满足个性化需求方面提高营造能力，用丰富多彩的消费方式来创造消费、引导消费。

2. 重视体育健身业，满足人们的消费需求

一是要兴建和改造体育健身场地和设施；二是要正确合理地进行引导。因此，兴建、改造一批体育场馆是很有必要的。应该看到，我们的体育健身休闲消费起步很晚，消费水平不高，要从现有的实际出发，合理引导这种休闲消费。

3. 抓好餐饮零售业，带动休闲产业发展

首先，餐饮业要把握好以下三种节日服务型经营方式：一是主妇型，即饭店为市民家庭配送半成品节日套餐，饭店只收取少量的加工费；二是包办型，即饭店为市民预订到饭店就餐的节日家宴。餐馆酒店要本着勤俭节约、物美价廉、面向市民、为大众服务的原则，推出特色的个性化菜谱，扩大目标市场；三是系列型，为适应现代人的消费需求，餐馆酒店应推出面向家庭的节日宴席快送、“出租厨师”，向居民开放客房、游艺厅等休闲娱乐设施和场所，以吸引居民到酒店里自娱自乐过假日。其次，餐饮业的经营者还应在文化品味上做文章，要以饮食文化搭台，在店内推出书面摄影展览、音乐欣赏、杂技魔术表演、名厨教授顾客“绝活菜”等活动，让顾客集食、饮、赏、览、听、玩于一体，吃的同时又得到精神享

受。商场要在店内外营造浓厚的节日气氛，除了张灯结彩、披红挂绿等一般方法外，还要注意布置出自家的特色。节假日商家应以真诚回报顾客消费者为宗旨，开展打折销售、买大件赠小件、以旧换新等促销活动，促销活动要以“情”字当先，充满浓郁的温情，打动消费者。

4．创立品牌，积极发展特色休闲农业

休闲农业是一种商品农业，要有推销商品的意识，通过广告宣传向城市居民输灌休闲意识，通过各种农事活动（如花卉展览、体育竞赛、民间舞蹈、民间绝技等）吸引游客。主动适应市场，积极争取市场。应大力发展都市农业和观光农业，利用最先进的农业科技成果，在为市民提供卫生、洁净、新鲜的农产品同时，为市民创造一个回归大自然的绿色生态环境。

5．重视技艺培训

不少人希望利用难得的假期时间学习汽车驾驶、电脑操作、花卉栽培、投资理财、古董鉴赏、书法篆刻和体育、舞蹈、烹调等一技之长。社会各方面应当提供这些方面的机会，促进这些行业发展，以满足各类培训的需求。

社会发展的现实表明，为休闲而进行的各类生产活动和服务活动正日益成为经济繁荣的重要因素，特别是在大中城市中，各类休闲活动已成为经济活动得以运行的基本条件。尽管从历史的角度看，城市的产生和发展主要依赖于制造加工业的繁荣，然而，如今城市的经济模式已经开始转向依赖于休闲活动的兴旺发达了。因而，城市经济的良性循环在很大程度上也越来越依赖于休闲需求的实现，这种休闲产业的发展已随处可见，诸如在景区附近区域的商业开发、娱乐设施、餐饮服务、体育竞技，旅游观光、名胜古迹的开发利用，节假日和各类庆典场合的商业倾销，各类非职业技能培训式的成人教育，以及众多高雅艺术的蓬勃发展，所有这一切无不反映出经济模式在向以休闲为依托的经济转变。一个地区如果拥有并有效建设这些条件，将对于该地区日后的经济繁荣起到关键性的作用。基于这样的认识，许多地方都把他们的娱乐设施、商业网点、鲜花草坪和休闲服务看作是经济投资的一部分，只要加强休闲消费引导，休闲产业必将会迎来大发展的春天。

第五节 网络旅游消费

一、网络旅游消费的内涵

随着电子商务的发展，互联网对消费者的心理和行为产生了重大的影响，从而引起人们对网络消费、网络营销等问题的研究，网络消费是人们借助互联网而实现其自身需要的满足过程。这个概念存在三方面的含义：第一，网络消费是借助于互联网络而实现的；第二，网络消费以满足消费者需要为目的；第三，网络消费是一个动态过程。所谓“网络消费”，从广义上说，是人们借助互联网实现其自身需要的满足过程，是包括网络教育、在线影视、网络游戏在内的所有消费形式的综合。从狭义上说，网络消费指消费者通过互联网进行购买商品的行为和过程，是消费者和商家凭借互联网进行产品或服务的购买与销售的行为和过程，是传统商品交易的电子化和网络化。网络消费也称“网络购物”或“网上购物”等，包括 B2C 和 C2C 两种形式。本课程主要从狭义的角度探讨消费者的网络消费行为。

“旅游消费是旅游者通过购买旅游产品来满足个人发展和享受需要的行为和活动，它是由旅游者休闲、度假、游览、观光等旅游欲望推动的一种经济行为”。在传统的旅游消费行为中，旅游者主要是通过旅行社这种实体媒介来获取旅游信息、购买旅游产品以及享受旅游服务。随着互联网技术的迅速发展和电子商务的兴起，网络逐渐介入旅游消费，给传统的旅游交换方式带来了极大的冲击。而且，在现代生活中，旅游者更注重追求个性化的旅游服务，以求达到身体、心理和精神的愉悦和满足。旅游者消费意识的转变也使网络这种更为便捷、更具主动性的虚拟媒介成为旅游消费行为的重要组成部分。

二、网络旅游消费的特点

网络旅游消费不同于传统旅游消费，有其自身的“新经济”特征。网络旅游消费与传统旅游消费的本质区别在于：网络旅游消费的主题，即网络消费者能以一种全新的方式在虚拟社区环境中自由地选择、购买自己所需要的信息、商品及其他服务，不再受制于各种现实、市场空间等外部因素。它具有以下特点：

（一）无边际性

网络旅游消费区别于传统旅游消费的特点之一是它在交易空间和购买环境上的不同。具体来说，网络旅游消费通常是在由互联网技术所构成虚拟购物空间或消费网页中进行的，消费者的购物行为不再被距离所限制。通过在线方式，消费者可以在其他国家和地区，甚至传统意义上不存在的商店进行购物，网络旅游消费是一种没有边界限制的购物行为。

（二）个人性

网络交往的高度随意性与隐匿性决定了网络主题可以“随心所欲”地进行消费活动。从一定意义上说，网络经济将表现出“有区别的生产”和“有个性的消费”的新经济特征，个人化、个体化和个人市场等观念逐渐深入人心。当然，对网民而言，能够不被强迫而自由自在地消费，将是一件相当愉悦和幸福的事，并且又能促使其提高信息消费能力。

（三）直接性

从现代经济学的理论来看，网络旅游消费相对传统旅游消费而言，似乎对消费者更为有利。哈格尔三世和阿姆斯特朗对微观经济学中典型的供求曲线进行分析后认为，网络消费中市场价格将更靠近供应曲线，即经济活动中的剩余价值更多到转移到消费者手中。数字化网络所产生的只是经济合力，缩短了生产和消费之间的距离，省却了各种中间环节，使网上消费变得更加直接，买卖双方更容易在一种近乎面对面的、休闲的气氛中达成交换的目的。

（四）便捷性

网络旅游消费的便利和快捷是每一个网络消费者共同的体会，也是网上交易的最诱人之处。如果你想在网上购物，只需到相应网站的网页上进行简单的讨价还价，再一按鼠标，就可以做成一桩买卖，而且往往能享受到送货上门的服务。

三、网络旅游消费者及其特征

网络旅游消费者不同于网民。网民的定义一般有两种，一是 CNNIC9（中国互联网中心）的定义，即“平均每周使用互联网至少 1 小时”；二是 WIP（全球互联网研究计划）的定义，即“你现在是否使用互联网”。无论哪一种定义，网民的概念都比网络消费者的概念宽得多。网络旅游消费者一定是网民，但网民不一定是网络旅游消费者。因为网民的网络行为多种多样，如网上休闲娱乐、网上学习、网上炒股等等，而不限定在网上购物这一单一行为上。

（一）网络消费者的心理特征表现

营销发生变革的根本原因在于消费者。随着市场由卖方垄断向买方垄断转化，消费者主导的时代已经来临，面对更为丰富的商品选择，消费者心理与以往相比呈现出新的特点和发展趣事，这些特点和趋势在电子商务中表现得更为突出。

1. 追求文化品味的消费心理

消费冬季的形成受制于一定的文化和社会传统，具有不同文化背景的人选择不同的生活方式与产品。美国未来学家约翰·奈斯比特夫妇在《2000 年大趋势》一书中认为，人们将来用的是瑞典伊基（IKEA）家具，吃得是美国的麦当劳、汉堡包和日本的寿司，喝的是意大利卡布奇诺咖啡，穿的是美国贝纳通，听的是英国和美国的摇滚音乐，开的是韩国的现代汽车。尽管这些描写有失偏颇，但无疑在互联网时代得到了部分印证。

文化的全球性和地方性并存，文化的多样性带来消费品味的强烈融合，人们的消费观念受到强烈的冲击，尤其年轻人对以文化为导向的产品具有强烈的购买动机，而电子商务恰恰能满足这一需求。

2. 追求个性化的消费心理

消费品市场发展到今天，多数产品无论在数量上还是质量上都极为丰富，消费者能够以个人心理愿望为基础挑选和购买商品或服务。现代消费者往往富于想象力、渴望变化、喜欢创新、有强烈的好奇心，对个性化消费提出了更高的要求。他们所选择的已不仅仅是商品的实用价值，更要与众不同，充分体现个体的自身价值，这已成为他们消费的首要标准。可见，个性化消费者已成为现代消费的主流。

3. 追求自助、独立的消费心理

在社会分工日益细分化和专业化的趋势下，消费者购买的奉献感随选择的增多而上升，而且对传统的单项的“填鸭式”“病毒式”营销感到厌倦和不信任。在对大件耐用消费者的购买行为上表现得尤其突出，消费者往往主动通过各种可能途径获取与商品有关的信息并进行分析比较，他们从中可以获取心理上的平衡以及风险感，增强对产品的信任和心理满意度。

4. 追求表现自我的消费心理

网上购物是出自个人消费意向的积极的行动，消费者会花费较多的时间到网上的虚拟商店浏览、比较和选择。独特的购物环境与传统交易过程截然不同的购买方式会引起消费者的好奇、超脱和个人情感变化。这样，消费者完全可以按照自己的意愿向商家提出挑战，以自我为中心，根据自己的想法形式，在消费中充分表现自我。

5. 追求方便、快捷的消费心理

对于惜时如金的现代人来说，在购物中即时、便利、随手显得更为重要。传统中商品选择过程短则几分钟，长则几小时，再加上往返路途的时间，消耗了消费者大量的时间、精力，而网上购物则弥补了这些缺陷。

6. 追求躲避干扰的消费心理

现代消费者更加注重精神的愉悦、个性的实现、情感的满足等高层次需要满足，希望在购物中能随意看、随意选，保持心理状态的轻松自由，最大限度地得到自尊心的满足。但店铺式购物中商家提供的销售服务却常常对消费者构成干扰和妨碍，有时过于热情的服务甚至吓跑了消费者。

7. 追求物美价廉的购物心理

即使营销人员倾向于以其他营销差别来降低消费者对价格的敏感度，但价格始终是消费者最敏感的因素。网上商店比起传统商店来说，能使消费者更为直接和直观地了解商品，能够精心挑选和货比三家。针对旅游消费者的这种心理，如“去哪儿网”开展了机票、酒店、旅游等服务；各旅行社也进行了网络营销，开展各旅游活动的网络销售。

8. 追求时尚商品的消费心理

现代社会新生事物不断涌现，消费心理受这种趋势的带动，稳定性降低，在心理转换速度上与社会同步，在消费行为上表现为需要及时了解和购买到最新商品，产品生命周期不断缩短。产品生命周期的不断缩短反过来又会促使消费者的心理转换速度进一步加快。传统购物方式已不能满足这种心理需求。

（二）网络旅游消费者的行为特征

网络消费是建立在先进的信息技术平台上的，它的活动空间不是传统的有形实体产品交换空间，而是电子空间（Cyber Place）。电子商务模式下，消费者行为相对于传统的商业模式，表现出下列特点。

1. 选择范围扩大

在传统的营销环境下，消费者在有限的空间内（如一个城市）选择有限的商品，而在店子商务环境下，由于网络系统强大的信息处理能力，为消费者挑选商品提供了空前的选择余地。对个体消费者来说，他们可以“货比三家”。不受干扰地、大范围地选择品质最好、价格最便宜且适合自身需要的产品和服务，而不会因为信息不对称、地理环境条件有限、商家的热情劝说等原因购买一些并不喜欢或不需要的产品。

2. 直接参与生产和流通循环，消费主动性增强

在传统的营销环境下，消费者所选择的产品和服务是企业已经设计制造出来的，产品和服务通过各种销售渠道最终到达顾客的手中。消费者无法表达自己的意愿和要求。同时由于技术、资金各方面的限制，企业无法满足顾客多方面的需求。作为现代的消费者，他们往往比较自助，独立性很强，随着互联网技术的发展，消费者已经不习惯被动式地单向沟通，而善于和乐于主动选择信息并进行双向沟通，“地毯式”和“袭扰式”的营销宣传对他们未必奏效。为了减少购买的风险，消费者会主动去获取各种与商品有关的信息并进行比较，综合考虑各种因素后才会作出消费决策。在电子商务模式下，消费者和生存者直接构成了商业流通循环，消费者经常作为营销过程中一个积极主动的因素参与到企业产品的生产经营过程，与企业间形成双向互动。在这一过程中，消费者将充分发挥自己的想象力和创造力，积极主动地参与商品设计、制作和加工，通过创造性消费来展示自己独特的个性，体现自身价值。这样，厂家生产出来的产品不仅能够满足消费者物质方面的需求，还能满足他们在心理、情趣、审美乃至自我实现方面的需求。如 IBM 的“Alpha works”就是让消费者直接参与 IBM 的产品设计，生产消费者需求的特定产品。

3. 对购买方便性的需求增强

随着现代化生活节奏的加快，人们越来越珍惜闲暇时间，越来越多的消费者以购物的方便性、快捷性为目标，追求时间和劳动成本的节省。消费者希望以最少的时间和最低的成本，最方便地购买到他们需要的产品和服务。在传统的购买方式下，人们选择商品往往要花费大量的时间和精力，带给消费者很大的不方便。而在网络经济环境下，消费者不受时间和空间的限制，可以在任何时间、任何地点足不出户就可以选择和购买满足自己需要的商品和服务。随着技术的不断发展，社会基础设施的不断提高，消费者可以通过个人无限终端、办公室 PC、家庭交互电视、路边的上网终端、公共场所上网等等，随时随地上网购物，既方便又简单。因而相对传统的店面购物模式，现代的消费者选择更加自由方便。

4. 追求个性化消费

在网络环境下，消费者在购物过程中有效避免了环境的嘈杂和各种影响的诱惑。网络系统强大的信息处理能力，使得消费者在选择产品时有了巨大的选择余地和范围，不受地域和其他条件的制约。消费者在购买活动中的理性大大增强，理性增强的效果是需求呈现出多样化的特点，个性化随之显现出来。当然，经济的不断发展，人们收入水平的提高，也促进了消费的个性化。传统的零售业在面对着消费者个性化方面要付出较高的成本，而通过先进的网络技术，上网用户的一举一动几乎都能被记录，可以使企业更好地了解他的顾客群，并且为消费者提供完全个性化的定制服务。所以，网上的产品或服务的推销将日趋个性化，盲目的促销将会大大减少，个性化消费成为消费的主流。

5．消费行为的信息化

在网络消费时代，B2C电子商务的迅速发展，很大程度上改变了新兴消费者的信息搜集方式。他们由以往的被动信息接受者转变为积极主动的信息搜寻者。尽可能多地获取、占有信息，成为新兴消费者行为的重要组成部分。信息化之所以受到新兴消费者的高度关注，是因为拥有充分信息可以在购物时有更多的选择权，购买决策也更加科学准确。

【思考题】

一、名词解释

1. 旅游消费方式
2. 旅游消费心理
3. 旅游消费习惯
4. 旅游消费能力
5. 旅游消费结构
6. 旅游消费水平
7. 旅游消费方式合理化
8. 个体消费与群体消费
9. 低碳旅游
10. 休闲旅游消费
11. 网络旅游消费

二、简述题

1. 简述旅游消费方式的内容。
2. 简述群体的特征及其对旅游消费行为的影响。
3. 简述实现绿色消费的途径。
4. 简述促进休闲旅游消费的措施。

三、案例分析

海南旅游新发展方式

利用一流的滨海度假旅游资源和生态旅游资源，海南省坚持高起点规划、高标准建设、高水平管理，科学合理开发旅游资源，在继续加快滨海度假休闲旅游发展的同时，森林生态旅游、邮轮游艇旅游等旅游新业态不断涌现，不断形成新的旅游消费热点。

作为全国唯一的热带岛屿省份，近5年，海南省滨海度假旅游产品体系日趋成熟，目前已建成三亚亚龙湾、琼海博鳌等一批成熟滨海旅游度假区，三亚海棠湾、陵水清水湾和香水湾、万宁石梅湾等一大批大型休闲旅游综合项目正在加紧建设。

旅游新业态发展势头强劲。目前已建成三亚鸿洲、三亚亚龙湾、三亚半山半岛、海口美源、海口新埠岛5个国际标准游艇码头，全省现有游艇码头泊位956个。三亚凤凰国际邮轮港已成为丽星邮轮、皇家加勒比等世界知名邮轮企业在亚太地区的重要母港或停靠港。

森林生态旅游方面，尖峰岭、霸王岭、吊罗山、五指山的森林旅游已经启动，呀诺达热带雨林文化旅游区、亚龙湾热带天堂森林公园、南湾猴岛等森林旅游项目正在进行品牌化、精品化的改造和提升。

已成为海南旅游新品牌的乡村旅游让更多百姓分享到旅游发展带来的实惠。今年春节期间，海口、澄迈、文昌、琼海、临高、儋州等地独具琼州风情和海岛特色的海南乡村旅游吸引了大批游客，形成了新的旅游亮点和消费热点。

资料来源:《海南旅游新业态　带动旅游新消费》,《海南日报》,2013 - 03 - 08.

四、论述题

1. 结合自身实际，谈谈你在旅游消费活动中都采用过何种方式。
2. 你认为你所经常使用的旅游消费方式有何优缺点?
3. 低碳旅游作为一种新型的旅游方式，对旅游发展有何影响?
4. 网络作为新媒体时代的一种重要方式，你认为它对旅游方式发展有何影响?

【本章推荐阅读书目】

[1] 石斌. 旅游经济学 [M]. 北京：清华大学出版社，2013.
[2] 张俐俐. 旅游经济学原理与实务 [M]. 北京：清华大学出版社，2009.
[3] 赵士德. 当代旅游学规划教程——旅游经济学 [M]. 合肥：合肥工业大学出版社，2008.

【本章主要参考文献】

[1] 蔡萌，汪宇明，低碳旅游：一种新的旅游发展方式 [J]. 旅游学刊，2010 (1).
[2] 于小强. 低碳旅游方式实现路径分析 [J]. 消费经济，2010 (4).
[3] 李小芳. 旅游消费研究综述 [J]. 旅游市场，2008 (6).
[4] 王蓉，欧子艳. 网络对旅游消费行为及其推广策略的影响 [J]. 现代商业，2007 (2).
[5] 吴倩. 绿色理念在低碳旅游中的实践研究 [J]. 2011 中国可持续发展论坛 2011 年专刊 (一)，2011.

第六章　旅游消费者行为与旅游消费者心理

【本章概要】

本章着重阐述了旅游消费者行为的特征、类型和研究意义，分析了影响旅游消费者行为的内部因素和外部因素，介绍了旅游消费者行为分析的基本方法、旅游消费函数，阐述了旅游消费者心理的内容、基本原则和基本研究方法。另外，从政府、旅游企业和旅游者自身三个角度分析了如何加强对旅游者消费行为的引导。

【学习目标】

●了解旅游消费者行为的特征、类型。

●了解影响旅游消费者行为的因素。

●了解旅游消费者行为分析的基本方法。

●了解旅游消费函数。

●了解居民旅游消费者心理的内容、基本原则和基本研究方法。

●掌握如何引导旅游者消费行为。

【关键性术语】

旅游消费者；旅游消费者行为；旅游消费者心理；旅游消费函数等

【章首案例】

大学生旅游消费心理及行为

随着经济的快速发展，旅游景区的开发，教育制度的完善，大学生人群的扩大，许多旅游服务企业也迎来了大量的大学生。因此，分析大学生旅游消费心理和行为成为旅游服务企业的重要任务。大学生外出旅游主要有以下四个目的：一是休闲散心，这是一种好奇心理，主要是为了欣赏风景名胜、文物古迹以及自然风光等，获得美的享受；二是纯粹的娱乐消遣，这是一种解脱心理，主要是为了通过旅游改变环境，达到调剂生活的目的，以娱乐、消遣求得精神上的松弛和愉快，减轻各种压力；三是学习、感悟生活和增长见识，这是一种求知心理，主要是为了通过旅游获得更多的文化知识，开阔视野，激发好奇心，达到提高自身素质的目的，有时甚至能够认识新朋友；四是探亲访友，这是一种顺从心理，是大学生旅游心理最为特殊的地方，他们有各地的同学和朋友，在选择目的地的时候就会考虑有没有自己的熟人，在这样的情况下，朋友同学的旅游信息来源就尤为重要，几乎可以左右自己的旅游安排。通过一些调查分析，我们可以看到大学生是非常有意愿出游的，对出游持一种肯定的态度。大学生出游有明显的小群体特征，他们大部分都喜欢班级出游或者同学结伴的方式，只有少数的大学生愿意选择旅行社出游。大学生经济尚不能独立，多属于中低层消费者，对消费要求不是很高。在时间选择上，大学生一般选择在寒暑假和周末出游。网络搜索是出游者搜索相关信息的主要途径，同时亲友介绍也是一种比较重要的途径之一。大学生一般选择自然风光、人文景观，以观光和休闲为主要目的。

资料来源：《探讨当今大学生旅游消费心理》，中华文本库 http://www.chinadmd.com/fileld/rez6i6pwec6v6wrs3up3epsv_2.html。

第一节　旅游消费者行为的概念、类型及研究意义

旅游消费者行为作为人类消费行为的一个分支，既有同人们日常消费行为相类似的一般特征，又有许多与人们日常消费行为不同的特殊性。因此，研究旅游消费者行为必须明确旅游消费者行为的概念，掌握旅游者行为发生的基本模式和特点，并了解影响旅游者行为的各种因素及其作用。

一、旅游消费者行为的概念

旅游者行为是在旅游者意识支配下产生的，是旅游者心理活动的外在

表现。旅游消费者行为指旅游消费者在认识、购买、消费和评估旅游产品全过程中所反映出来的心理过程、心理特征和行为表现，简而言之，就是旅游消费者进行旅游活动全过程的心理和行为。为了正确地理解旅游消费者行为的概念，需要明确以下三点。

（一）旅游消费者行为贯穿于旅游活动的全过程

从消费行为学的角度分析，旅游者行为应该贯穿于旅游者整个旅游活动的全过程。它包括旅游消费者从收集旅游产品的信息，到产生购买动机，作出购买决策，进行旅游活动及事后评价的全过程。

首先，在旅游活动发生前，当人们在各种内外刺激因素作用下而产生旅游需求时，就需要收集和了解更多的有关旅游的信息，以强化是否外出旅游的动机，并对如何旅游，即购买旅游产品作出决策。虽然这一过程是发生在旅游活动实施之前，但其对旅游者的旅游活动的产生却具有十分重要的意义。

其次，在旅游活动过程中，旅游者常常会根据旅游经营者提供的旅游产品和现实消费的情况，不断地调节自己的旅游需求和消费行为，如增加旅游娱乐活动、购买旅游商品等。因此，只有及时分析和掌握旅游者在旅游活动中的行为变化，才能更有效地满足旅游者的消费需求。

最后，当旅游活动结束后，旅游者一般都会对整个旅游过程做出评价，这种评价不仅是旅游者行为的重要组成部分，而且会对其他潜在旅游者产生影响。因此，正确地了解和掌握旅游活动的心理评价也是旅游消费者行为分析不可或缺的内容。

（二）旅游消费者行为反映旅游消费者购买和消费旅游产品的心理过程

人们的一切消费行为都受到人们内在心理因素的影响，是人们心理过程的外在表现，旅游消费者行为也同样如此。旅游消费者的心理过程指旅游消费者对旅游产品的感觉、知觉、记忆、思维及意志等心理活动过程、情绪过程和意志过程三个互相联系、互相衔接的环节。

旅游消费者的认知过程指旅游消费者通过各种信息渠道，对旅游产品或旅游目的地的感知、记忆、想象等心理过程，从而形成一种综合性、概括性的旅游期望或信念。它是引起旅游消费者消费需求的前提条件和基础。

旅游消费者的情绪过程指旅游消费者在对旅游产品或旅游目的地认识的基础上，基于对旅游产品的品牌、形象、价格、服务等方面的情绪上的心理反映，形成了旅游者对旅游产品或旅游目的地的评价和偏爱，并由此而产生相应的旅游动机。

旅游消费者的意志过程指旅游消费者在旅游认识、旅游情绪和旅游动机的驱动下而表现出来的有关旅游产品购买和消费的一系列行为，其中包括旅游消费者动机的强化、对旅游产品的购买决策和旅游消费活动的实施等。

（三）旅游消费者行为反映旅游消费者购买和消费旅游产品的心理特征

旅游消费者的心理特征是由旅游者的个体能力、气质、性格等因素所决定的，在购买和消费旅游产品过程中所反映出来的心理变化。旅游消费者的心理特征不仅反映了旅游消费者个体心理的差异性，而且反映了旅游消费者的动机和行为的多样性和复杂性，因而必须重视对旅游消费者心理特征的分析和研究。对旅游消费者的心理特征，一般重点分析旅游消费者的个体能力、气质和性格等方面。

旅游消费者的个体能力指旅游消费者对旅游产品的认识、评价、选择及购买决策等方面的能力。旅游消费者个体能力的差异往往导致旅游消费者行为的差异性，直接影响旅游消费者对旅游产品购买和消费上的差别。

旅游消费者的气质指旅游消费者在购买和消费旅游产品过程中所反映出的典型的心理和行为特点。具有不同气质的旅游消费者往往具有不同的心理过程和行为，并直接影响到旅游消费者在购买和消费旅游产品中的态度和行为倾向。

旅游消费者的性格指旅游消费者对待旅游产品的一种相对稳定的态度体系和习惯化的行为方式。在现实中，性格特征不同的旅游消费者对旅游产品的购买方式和消费行为具有很大的差异性，从而形成了旅游消费者行为的多样性和复杂性。

二、旅游消费者行为的类型

旅游消费者的购买决策随其购买决策类型的不同而变化。较为复杂和花钱多的决策往往凝聚着购买者的反复权衡和众多人的参与。根据旅游中的介入程度和品牌间的差异程度，可将旅游消费者的购买行为分为三种常见类型（见表6.1）。

表6.1　旅游消费者类型

旅游消费者行为	特点	举例
习惯性购买行为	购买频次多，单位价格低，品牌差异不明显	酒店用餐
多样化购买行为	尝试新鲜产品	旅游纪念品的购买
复杂购买行为	单位价格高，品牌差异明显	包价游线路的购买

（一）习惯性购买行为

习惯性关系购买行为是所有购买行为中最简单的一种，适用于购买频次多、单位价格低、品牌差异不明显的产品。在购买这类产品时，消费者不会花费过多的时间搜集产品相关信息，对产品进行复杂的评价。在旅游消费中，如酒店用餐对饮料的购买即属于习惯性购买。

（二）多样化购买行为

很多游客都是抱着感受新事物、寻求新知识的心态进行旅游活动的，因此，在购买行为发生时，愿意尝试不同类型的新鲜产品。例如，在餐厅就餐时会点一些新口味菜肴，在购买纪念品时喜好具有当地特色的商品，在娱乐活动中偏好经历从未有过的新奇项目等。这类购买行为间的差异可能会较大。

（三）复杂购买行为

当旅游者购买价格较高、有一定风险的旅游产品时，通常处于一种复杂购买行为之中。此类产品的品牌差异通常也较大。由于价格高，所以在购买之前，旅游者会广泛了解产品的特点及各项性能，在与多家比较有了较全面的认识后，才会完成最后的购买行为。例如，对价格较高的全包价旅游线路的购买、分时度假酒店的购买就都属于复杂购买行为。

三、旅游消费者行为的决策过程

一般而言，旅游消费者的购买过程可分为需要觉醒、信息调研、判断选择、购买决策及买后评价五个阶段（见图6.1）。

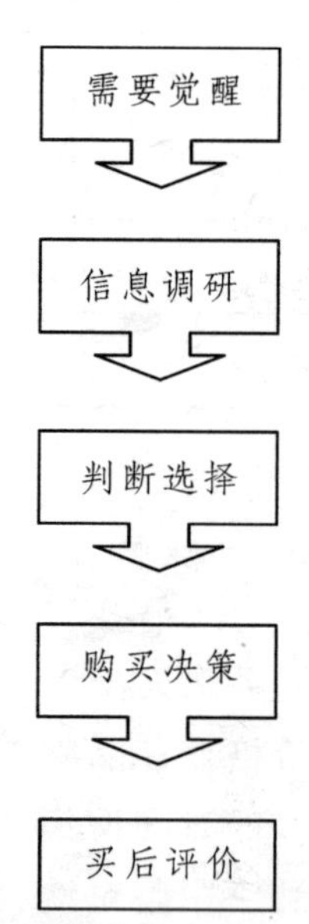

图6.1 旅游消费者行为的决策过程

（一）需要觉醒

旅游消费者购买开始对产品的认识甚少，甚至根本就没有听说过，就不会产生以后的购买行为。由于旅游需要是一种较高层次的需要，所以旅游从业者有必要利用多种手段唤醒消费者的旅游欲望。

（二）信息调研

当旅游需求被唤起之后，消费者会尽可能多地了解相关信息。常见的信息来源有四种：商业信息、公共信息、社会信息和内在信息。商业信息的主要来源是推销员、广告、零售商、商品包装、商品展销会、商品目录及商品说明书等，即主要来自于卖方。公共信息的主要来源是报纸、杂志、电视、广播等大众传播媒介及政府机构和各种非企业的评审组织等第三方。社会信息的主要来源是消费者在社会交流过程中，从家庭成员、亲戚朋友、邻居及同事那里获得的信息。内在信息指消费者本人通过以前购买使用或当前使用中获得的知觉。在四种信息来源中，后三者对旅游者的影响较大，前者商业信息由于不可避免地带有卖方色彩，因而旅游者对其信息信赖程度较低。

（三）判断选择

当消费者收集了充足的信息后，下一个步骤就会对所有相关信息加以整理使之系统化，并进行对比分析和评价。这种对比和评价一般是围绕产品的属性而展开的。旅游者会就代表产品质量的品牌、价格、产品特性进行多方比较，然后确定具体点购买对象。

如果把价格因素考虑进来，就不可能存在完美无缺的产品，因此强调产品的特性，对市场进行细分是十分必要的。例如，旅行社在设计旅游线路时，就应该考虑到市场定位，如推出经济型旅游线路为主打产品，还是推出豪华品质游更能获得市场主动权。

（四）购买决策

消费者经过分析比较和评价后，便产生了购买意图，进而完成购买决策。这个阶段是消费者购买行为过程中的关键阶段，它直接产生实际的购买行动。旅游者购买决策的最后确定，除须经历上述三个阶段所带来的感受之外，还受其他因素的影响，如他人的态度、预期环境因素、非预期环境因素等。

1．他人的态度

他人的态度是影响购买决策的因素之一。例如，丈夫经过收集信息并评价后，准备在黄金周期间报名参加某旅行社某线路游，但妻子认为，另一条线路更具吸引力，于是丈夫放弃了最初的购买计划。他人态度对消费者购买决策的影响程度，取决于他人反对态度的强度及他人劝告的可接受强度。

2．预期环境因素

消费者购买决策要收到产品价格、产品预期利益、本人收入等因素的影响。这些影响是消费者可以预测到的，所以称为预期环境因素。

3. 非预期环境因素

消费者在购买决策过程中还要受到推销态度、广告促销、购买条件等因素的影响。这些影响是消费者不大可能预测到的，所以称为非预期环境因素。比如，消费者在决定购买某包价线路游后，若接待人员的态度不友好，消费者便很有可能转而购买其他旅行社的类似产品。

（五）买后评价

当旅游消费结束后，旅游者对产品会有一个评价。通常的感受有满意、不满意和疑虑三种态度。顾客的满意程度取决于旅游者所感受到的实际质量和其所预期质量之间的差距。如果旅游者感受到的实际质量高于其预期质量或与预期质量相符，旅游者会持满意态度。如果旅游者所感受到的实际质量低于其预期质量，旅游者呈现不满意心态。这一点对于旅游从业人员具有巨大的启示作用，即：一定不搞虚假宣传，不能让游客满怀兴致而来，大失所望而归。这样只会对企业形象造成不可弥补的损失。疑虑态度主要是由于旅游者在购买行为发生之前对旅游产品进行比较、选择或思考不充分，或者由于购买过程中出现了一些麻烦和不尽如人意的地方等情况引起的。他们对购买后的感受是中性的，通常会用“还可以”来描述产品。旅游营销人员可以通过信息资料的发送，增加旅游者对产品的认同程度和满意程度，以激励和引导旅游者的再次购买。

四、旅游消费行为的研究意义

在市场经济中，一切产品的生产和经营活动都必须以市场为导向，紧紧围绕消费者需求而进行。对于旅游企业来说，旅游者的消费行为不仅是企业制定经营战略的重要依据，也是旅游企业开展市场营销的出发点，因而要求旅游企业必须对旅游者消费行为进人深入全面的分析和研究。

旅游消费者行为是贯穿于旅游活动的一根主线。它作为旅游活动基本矛盾的一个主要方面，是构成旅游需求的基础，而旅游需求得以满足主要依赖于产业供给活动。旅游消费者行为研究与旅游业发展水平相对应。国外旅游业的发展已经有近两百年的历程，从早期的认知阶段、中期的过渡阶段到近期的大发展阶段，旅游业在一些国家或地区已经得到了长足发展。至今，旅游学这门学科已经构建了比较完善的学科体系，理论也日趋成熟，其主要原因在于各地日益蓬勃发展的旅游业，为学者们研究旅游提供了很好的案例。国外许多著名大学都有自己的独立学者，长期独立投身于旅游研究，对旅游这个交叉学科的形成做出了巨大的贡献。此外，国外旅游发展到现阶段，旅游规划与开发工作已经基本结束。因此，关于此方面的研究成果相对较少。旅游业的不断发展给国家或地区带来了多方面的深刻影响，一方面它促进了地区的经济发展，提高了当地生活水平，成为地区或国家的支柱产业，但另一方面，由于大量旅游消费者的到来增加了地区基础设施的负担，给当地居民造成生活不便，同时潜移默化地影响着旅游目的地人们的价值观念、行为方式，进而影响旅游目的地的社会文化传统。

（一）从宏观的角度，对宏观经济和社会各方面的发展具有积极的意义

旅游消费者行为是我国经济活动中的一个重要组成部分之一，研究旅游消费者行为对宏观经济和社会的发展具有积极的意义。旅游消费者行为对经济发展具有积极的引导和监督作用，健康的旅游消费行为能够使旅游消费者意识到环境保护、倡导绿色旅游的重要性。旅游业是一个关联性很强的产业，可以有效促进和带动包括建筑工程及相关行业、航空运输业、轻工业、商业、工艺美术和农副业的发展。旅游消费者行为影响着国家经济和社会的发展。

（二）从旅游业经营的角度，有助于旅游业的整体发展和服务质量的提高

旅游企业出售的是服务产品，服务质量的优劣维系着旅游业的生命。质量问题始终是旅游服务竞争的核心。旅游消费者行为对旅游业服

务质量和整体发展起着重要的作用。旅游企业和旅游行政管理部门要进行管理创新和服务创新，努力消除旅游信息不对称现象，保护旅游者的合法权益。

（三）为旅游企业经营者的经营决策提供依据和分析方法

旅游消费者行为是个体在收集有关旅游产品的信息进行决策和购买、消费、评估、处理旅游产品的行为表现。它涉及一系列复杂的行为过程，旅游者选择去一个旅游目的地会经过从产生旅游的动机，到搜集资料，了解和比较不同的备选旅游目的地，以至最后做出最终决策一系列复杂的过程。这整个过程涉及许多的感知或非感知因素。这给旅游企业做出正确的经营决策提供了依据，具有较高的参考价值。

（四）有利于科学地开发旅游资源和旅游设施建设

旅游资源开发指借助现代科学技术手段，把潜在的旅游资源改造成旅游吸引物，并促使旅游活动得以实现的技术、经济活动。旅游资源开发，不仅仅是将旅游资源本身开发成对游客具有吸引力的吸引物，还需要为其提供满足旅游活动需要的其他条件，如交通、住宿、饮食、休息、购物等。所以，在旅游资源开发中必然伴随着基础设施的兴建以及人员的培训和接待管理机构的设立。旅游消费者和旅游资源以及旅游设备有着密切的关系，处理好两者的关系十分重要。

（五）有利于建设和培养一支高素质的旅游从业人员队伍

旅游业的发展需要人才的推广，提高从业人员素质也能提高旅游业的经济效益，吸引一批回头客，全面扩大旅游业的发展，更能激发潜在的旅游消费者，搞活市场经济，从而使相关产业得到进一步的发展，推动社会进步，使旅游成为第三产业中潜力最大的产业。良好的旅游消费者行为能为高素质的旅游从业人员队伍建设带来活力和动力。

第二节　影响旅游消费行为的主要因素

旅游消费者在旅游产品购买和消费的整个行为过程中，往往会受到各种内部和外部因素的影响，如图 6.2 所示。这些内外影响因素不仅对旅游者决策产生重要影响，而且对其旅游消费者行为也具有重要作用。因此，必须进一步对这些影响因素进行分析和研究。

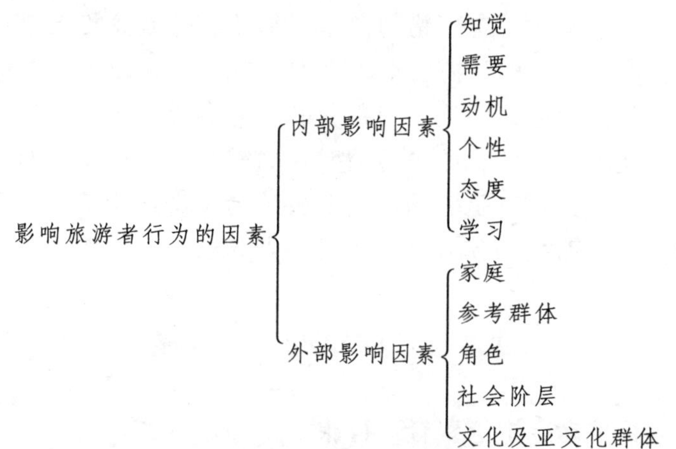

图 6.2　影响旅游消费者行为的因素

一、内部影响因素

内部影响因素主要指旅游消费者个人的主观心理因素所造成的对旅游消费行为的影响因素。影响旅游消费者行为的个人主观心理因素很多，一般有知觉、需要、动机、个性、态度、学习等。

（一）知　觉

知觉指人们对旅游产品和服务所产生的各种不同属性、不同部分及其相互关系的综合认知和反映。旅游消费者选择旅游活动对象时所发生的认知和主观判断取决于许多因素，其中最重要的是对每个旅游活动对象的知觉，即它是否具有满足旅游消费者需要、并为旅游消费者所认识的特征，是否具有激发旅游消费者动机和行为的能力。因此，对旅游消费者知觉的分析和研究是理解和掌握旅游消费者心理的重要开端。

（二）需　要

需要指旅游消费者或潜在旅游消费者对某种旅游产品的渴求或欲望，它是旅游消费者的一种潜在需求，即旅游消费者自身感到缺少某些东西，又期望得到某些东西的一种心理现象。旅游需要一般具有五个特征：一是对象性，即需要总是对一定事物的渴求或欲望；二是个性与多样性，即不同的旅游消费者有不同的旅游需要，必然造成旅游需求的个性与多样性并存的情况；三是伸缩性，即旅游消费者的旅游需要会随着条件的变化而增加或减少；四是可诱导性，即旅游消费者的需要会受外部各种旅游信息的刺激影响而发生变化；五是驱动性，即旅游消费者产生需要时就会产生不安与紧张情绪，进而推动其从事旅游活动以寻求心理平衡。

（三）动　机

动机指直接推动旅游消费者进行旅游活动的内在动力。旅游消费者的行为由旅游动机所引起并受其支配，而旅游动机又产生于旅游需要。旅游消费者的旅游动机是复杂多样的，既有出自求实、求新、求名、求美、求知等心理动机，又有探亲访友、文化寻访、科考探险、康体健身等社会与生理动机，因此，旅游经营者和市场营销人员在制订旅游产品经营和销售计划时，就应考虑各种类型旅游消费者的不同旅游动机，相应安排多种类型的旅游产品和服务，以满足不同类型旅游消费者的旅游需要。

（四）个　性

个性是一种复杂的心理现象，它是指属于旅游消费者个人独有的心理定式，以及这种心理定式在对环境的反应中所形成并一贯保持的行为倾向。通常，不同个性的旅游消费者的旅游行为有很大的差异性，如在旅游市场上，不同旅游消费者对不同旅游产品和服务选择的差异性就是由旅游消费者自身个性差别导致的结果，即旅游消费者认同旅游产品和服务与自身需要的一致性。

（五）态　度

态度指旅游消费者对某个旅游产品或旅游地的一种稳定的看法和倾向。态度对每个旅游消费者都很重要，因为它比较准确地反映了旅游活动中，旅游消费者在特定情况下可能产生的旅游行为，尤其是旅游消费者对互相竞争的旅游产品和服务所持有的态度，往往是旅游经营者和市场营销人员关注的焦点。因此，对旅游者态度的调查、分析和研究是十分重要的。

（六）学　习

学习指根据日常经验而产生的旅游消费者行为中持续不断的变化状态。通常，在旅游活动中，旅游消费者既是消费者又是问题的解决者。旅游消费者要解决各种各样的旅游问题，如去什么地方旅游，什么时间出发，怎么去，逗留多长时间等等。因此，购买旅游产品其实就是一种学习的过程，就是购买一种新的体验，而在这种全新的体验过程中，旅游消费者必须适应许多环境的变化。因此，旅游学习的过程就是旅游消费者满足自身需要和适应环境变化的过程。

二、外部影响因素

外部影响因素是由旅游者周围的环境造成的对其行为的影响。一般将旅游者的家庭、参考群体、角色、社会阶层、文化及亚文化群体等归为影响旅游者行为的外部因素。

（一）家　庭

家庭是对消费者的决策有最大影响力的群体。从市场营销的观点看，许多产品的需求水平是由家庭的数目而非人员的数量所决定的，如在娱乐活动中大约有三分之二以上是家庭性质的；在文化性的闲暇活动中有近40%是以家庭为基础的。由于家庭与旅游者行为联系十分紧密，因此在旅游活动过程中，家庭是影响旅游者行为的主要因素。

（二）参考群体

参考群体就是对旅游者的决策、行为和评价等具有重要影响的相关个人或群体。不同的参考群体在不同的时间内或不同的情境下，影响着旅游者的信念、态度和行为，如某潜在旅游者看到自己的同事或好朋友去某地旅游之后评价不错，受这些参考群体的影响，他很有可能将相应的旅游地作为下次出游地点的首选。

（三）角　色

角色地位指旅游者个体在特定社会和群体中占有的适当位置。在旅游活动中，旅游者的角色地位同他在家庭中的地位可能大相径庭，如一个人决定驾驶汽车带全家出去旅游，在整个旅游活动过程中，他除了愿意承担司机的角色外，还可能承担导游及汽车修理工的角色；而如果他决定带全家乘坐飞机或轮船外出旅游的话，他就不再担任司机和汽车修理工的角色，而可能担任导游、决策者之类的角色。

（四）社会阶层

社会阶层指在一个社会中具有相对同质性的群体，并且这一群体是按照等级排列的，每一阶层成员具有类似的价值观、兴趣爱好和行为方式。在旅游活动上，不同社会阶层的旅游者显示出不同的旅游产品偏好和旅游目的地偏好，其消费行为也具有不同的特点和差别。

（五）文化及亚文化群体

文化群体指具有相同的信念和价值的人群。不同的文化群体对旅游者行为的决策具有不同的影响。在旅游市场上，与文化偏好合拍的旅游产品和服务，更有可能被旅游者所接收。每一文化群体又包含着能为其群体成员提供更为具体的认同感和社会化特征的内涵，并形成次一级的亚文化群体（subcultures）。亚文化群体包括民族亚文化群体、宗教亚文化群体、年龄亚文化群体和地域亚文化群体等。在休闲和旅游活动中，一种亚文化群体要寻求的利益并不完全等同于处于支配地位的文化群体所寻求的利益。

三、旅游消费者行为分析的基本方法

旅游消费者行为属于人类行为的范畴，其分析、研究的主体和客体都是人类社会共同体中的成员，其主体是具有思维、情歌和意志的社会活动的主体，因而必须运用科学的分析研究方法和技术，才能得到科学的依据和结论。对旅游者行为分析的方法主要来自于社会学、心理学、经济学、消费者行为学等学科，是对有关人类心理和行为分析方法的借鉴和应用。概括起来，可用于旅游者行为分析的最基本方法主要有观察法、实验法和调查法三种类型。

（一）旅游消费者行为观察法

旅游消费者行为观察法，是由分析研究人员通过有目的、有组织的直接或间接观察，收集有关旅游消费者行为的各种信息资料的方法。应用旅游者行为观察法，特别是借助一些现代科技手段，如录音、摄像、摄影、计算机模拟等，可以使研究人员全面分析和了解旅游者的需求、冬季、兴趣、态度及行为等，并使观察分析的结果更加符合客观实际。因此，旅游者行为观察法是旅游者行为分析和研究中较常用的方法之一。通常，按照分析研究人员与旅游者接触的程度，旅游消费者行为观察法又可以分为全参与观察法，半参与观察法和非参与观察法三种形式。

1. 全参与观察法

全参与观察法指分析研究人员隐瞒自己的身份，完全参与旅游团队的整个旅游活动，以观察和收集有关旅游者行为的各种信息资料的方法。采用全参与观察法形式，由于分析研究者本人就是旅游者团体的一员，容易消除被调查对象的心里障碍，从而能够较深入、全面地了解和掌握第一手的信息资料。但是，由于分析研究人员直接参与被调查旅游者的整个旅游活动，往往会在不知不觉中形成倾向于被调查对象的观点和情感，从而削弱对问题分析的客观态度和立场。

2. 半参与观察法

半参与观察法指分析研究人员虽然参加旅游者的整个旅游活动过程，但并不隐瞒其分析研究人的身份，主要是通过与被调查旅游者的大量接触来观察和收集有关旅游者行为的各种信息资料。半参与观察法的优点是分析研究人员具有明确的相对独立性，可以减少调查中受被调查对象影响的情感因素，使所收集的信息资料和形成的观点更符合实际。其不足之处是观察和了解问题的深度不够，特别是对旅游者的一些较隐秘的、敏感的心理活动情况通常无法掌握。

3. 非参与观察法

非参与观察法指分析研究人员完全以旁观者的身份和立场，并借助一些现代科技手段来观察和收集有关旅行者行为的各种信息资料。非参与观察的优点是所收集到的信息资料较为客观，更能客观地分析和研究旅游者在旅游过程中的心理和行为；同时分析研究人员也不会收被调查旅游者的观点、态度影响，使所得出的结论更符合实际。这种形式的不足之处是有时会受各种意外因素的干扰，造成观察和分析结果出较大偏差或失真。

（二）旅游者行为实验法

旅游者行为实验法指借鉴自然科学研究成果而发展起来的一种旅游者行为研究方法，是根据一定的研究假设，通过实验来分析哪些因素与旅游者行为直接相关，并进一步分析各因素变动对旅游者行为的影响程度，从而推断旅游者行为的方法。因此，实验法实质上是一种因果关系分析法。由于旅游活动过程总影响旅游者行为的因素是多种多样的，因而运用实验法来分析影响旅游者行为的主要因素及相关关系，有利于针对主演问题制定正确营销策略和措施，从而更好地满足旅游者需求。在旅游者行为分析中，较常采用的实验法主要是模拟实验和现场实验两种形式。

1．模拟实验

模拟实验指分析研究人员扮演旅游者角色，然后在一定的模拟环境中分析被测试者行为表现，进而推断真实情况下旅游者行为的方法。模拟实验在旅游者经济分析中使用较多，如导游现场考试是一种模拟实验的考试，以了解导游人员在旅游活动中如何针对旅游者行为提供优质的服务；又如旅行社对心辟的旅游线路，往往采用模拟实验方法测定整个旅游线路活动的安排等。

2．现场实验

现场实验指通过在旅游者的旅游活动中，设计一些与旅游者行为相关的因素，从而测试旅游者的态度或行为变化，了解和掌握旅游者行为的方法。例如变动旅游活动的行程安排、调整旅游产品组合、提高或降低旅游产品价格等，以了解旅游者行为的变化，从而为确定合理旅游产品组合、产品介个和服务质量提供科学的依据。

实验方法作为自然科学研究的主要方法，应用到旅游者行为分析和研究中的主要优点有三方面：一是增强了对旅游者行为分析的科学性，有利于更好地解释旅游者行为的客观规律性；二是强调了旅游者行为分析的实证性，以尽量消除在旅游者行为分析和研究中的主观性，使分析研究的结果更符合实际情况；三是其作为一种因果分析研究方法，有利于在旅游者行为分析中抓住主要矛盾，有针对性地解决旅游活动中的主要问题。实验法的不足之处是若机械地使用，可能引起旅游者的反感，甚至给旅游经营者造成一定的损失。

（三）旅游者行为调查法

旅游者行为调查法，是随统计学的发展而产生和发展起来的一种定量分析方法，也是旅游经济分析中最常用的收集有关旅游者行为信息资料的方法。调查法的形式很多，可以按照调查目的、对象、范围、形式和内容等进行分类。在旅游者行为分析中，采用较多的调查方法主要有面谈调查、邮电调查、问卷调查和抽样调查等形式。

1．面谈调查

面谈调查指分析研究人员或调查人员通过直接与旅游者面对面交谈，

询问和了解所需各种信息资料的方法。面谈调查还可以分为个别面谈、小组讨论等形式，但不论是哪一种形式都要求调查人员事先拟好调查提纲，使调查的内容主题鲜明，观点明确，问题集中。同事在具体调查过程中，还要注意鼓励旅游者没有任何顾虑地发表看法。并尽量避免偏离调查主题，确保调查资料的质量和效果。

2. 邮电调查

邮电调查指通过邮寄调查表和电话询问等方式，获取所要调查了解的信息资料。通过向旅游者寄送调查表，了解其旅游需需求、旅游动机、旅游态度及行为倾向，它是一种比较客观有效的方法，但存在着反馈速度慢、回收率低等缺陷。通过电话询问，按照事先拟订的调查提纲获取所需信息资料，通常反馈速度快、反馈率较高，所获得的信息资料质量高且较客观，但这种方法费时费力、成本较高。

3. 问卷调查

问卷调查是根据一定的调查目的设计调查问卷，然后直接向旅游者发送问卷，以收集有关旅游者行为及相关资料的方法。问卷调查是目前旅游者行为分析中普遍采用的方法，也是一种比较科学的定性定量化分析方法，目前在我国旅游业管理中也大量应用该方法。问卷调查的优点是比较灵活，可以根据分析研究的需要设计问卷，并有利于统计分类和研究；同时对于被调查的旅游者在回答问题时也很简洁、方便和快捷。问卷调查的关键是问卷设计，要求问卷既要简单明确和通俗易懂，又要科学合理并符合分析研究的目的和要求。

4. 抽样调查

抽样调查是从调查对象总体中选取一部分为代表（样本），通过对其进行调查分析后，推断调查对象总体情况的一种调查类型和方法，也是旅游者行为分析中普遍采用的方法。随着现代统计技术的发展，把抽样调查、问卷调查和统计分析有机结合起来，共同构成旅游者行为调查方法的基本特征，也是现代社会调查研究方法的突出标志和问卷调查法实证性质的基本保证。应用抽样调查法，要求确定好三个方面的问题，即抽样单位的界定、样本大小的确定和抽样程序的选择，以确保抽样误差限制在客观允许的范围之内。

第三节　旅游消费心理

旅游消费者是旅游活动的主体，而其旅游消费行为受其消费心理的支配。因此，必须了解旅游消费者消费心理的发生、发展及变化规律。探讨旅游消费者的旅游知觉、旅游动机、旅游态度、旅游消费者的个性，以及学习和社会因素对旅游决策和旅游行为的影响等。

一、旅游消费者的心理

（一）旅游消费者的知觉

旅游是人通过食、住、行、游、购、娱等活动获得心理满足的行为。这种满足的获得是从旅游者的感觉和知觉开始的。旅游消费者的认知，是旅游消费者主动寻找、接收信息，并在一定的结构中进行信息加工的过程。它是旅游消费者购买行为形成的前提，也是旅游消费者心理活动的基础。那些对旅游者产生刺激的各种旅游刺激物，如果没有自己独特的形象、一定的强度和突出的属性，就不会引起旅游者的反应。旅游者的认知包括自然认知和社会认知。不同的旅游者在认知上存在着明显的个性差异，这些差异造成了旅游消费的不同行为表现。

（二）旅游消费者的需要与动机

个体通过需要和满足需要的活动，使机体内环境与外环境保持平衡，以维持自身的生存和发展。动机是在旅游需要和旅游目标相遇时形成的一种力量，这种力量使人的行为指向旅游并持续下去。所有旅游活动都是由旅游者一定的需要和动机引发的，对旅游者需求和动机的研究有助于回答人们为什么要外出旅游、为什么要选择不同旅游点、怎样的旅游产品才能使旅游者产生良好的心理效果等问题。研究旅游活动的起因和指向问题，了解旅游者的需要和动机，可以制定相关策略、激发旅游动机、推动旅游业发展提供依据。

（三）旅游消费者的态度

态度是人们针对某一特定的对象所表现出来的认识、情感和行为倾向的组合，是社会心理学中最重要、使用频率最高的一个词。是什么使一些旅游者偏好自然风光，而另一些喜爱人文景观呢？为什么有人愿意参加旅游团，而有的人却乐于自助旅游呢？这类问题都涉及旅游者的态度。旅游者的态度是人们对旅游对象和旅游条件做出行为反应的指示性或动力性的心理倾向。研究旅游者的态度是研究旅游消费行为的一个重要心理因素，它位于旅游知觉和旅游行为之间，在很大程度上决定着旅游消费行为的活动方向，包含和预示着人们做出的旅游行为反应的潜在可能性。旅游者的态度一经形成，随即对旅游有一种偏爱。这种源于对旅游对象的偏爱，促使旅游者行为的实现。

（四）旅游消费者的个性

由于每个人遗传特性的差异和所处的时代、环境和受教育有所不同，每个人所形成的心理过程和个性特征也不一样。同样，每个人气质、性格不同，对旅游的倾向也不同。旅游服务应该是个性化的服务，即在标准服务的基础上，根据客人不同的个性特征，为满足客人的特殊需求而做的服务。

（五）旅游消费者的学习

人的旅游行为是在生活水平达到一定程度的情况下为满足较高层次的需要而产生的。比起人类的其他活动，旅游更具有后天习得性的特点。因此，对有关学习的研究，有助于深入认识旅游者的心理和行为规律，并为搞好旅游服务工作带来有益的启示。旅游可以通过学习获得旅游信息，激发旅游动机，产生旅游态度，积累与旅游相关的经验。

（六）社会因素对旅游行为的影响

从心理学长期探究人的心理所得出的结论看，在人的心理发生、发展过程中，社会环境的影响起着决定性作用。当然，对旅游者也不例外。旅游者心理和行为的社会环境因素，包括社会制度环境、社会阶层和文化环境。

二、研究旅游消费者心理的基本原则

（一）客观性原则

客观性原则就是对任何心理现象都必须按照它的本来面貌加以考察，必须在人的生活和活动中进行研究。这是因为心理现象是人脑对外部事物的反映，研究者不要在毫无根据或缺乏足够依据的情况下就轻率地做出结论，要力求主观认识与客观事实一致。

（二）交往原则

旅游过程在很大程度上是人与人交往的过程，其中包含复杂的信息和情感沟通以及行为调节等过程。旅游消费者总是与其他人联系在一起，组成一个相互交往的群体，通过活动跟自然环境、社会环境发生关系。因此，在研究旅游消费者心理时，必须重视交往原则，在人际交往过程中进行动态的研究。

（三）辩证发展性原则

心理现象与其他现象一样，都是发展变化的。旅游活动中人的心理现象是对客观事物的主观反映，它也是随着客观事物的发展变化而不断发展变化的。就个体旅游者来看，在不同的旅游活动对象和旅游设施中，在不同的年龄阶段和生活方式下，其心理状态都会发生相应的变化。因此，要用辩证发展的眼光去看待人的心理现象。只有这样才能对旅游活动中人的心理活动作出符合实际状态的结论，也才能够对其将来的变化发展作出预测。

（四）理论联系实际原则

理论联系实际的原则，要求研究旅游消费者心理要密切联系旅游业发展的实际状态，了解现代社会生活状况下人们对旅游活动新的需要、新的动机、新的兴奋点和旅游服务中存在的实际差距，从中提出有关心理学的研究课题。只有这样，研究旅游消费者心理才能更好地为拓展旅游业市场、提高服务质量和管理水平提供及时、科学的心理依据。

（五）系统性原则

由于影响旅游消费者心理和行为的因素是多方面的，我们还必须把有关这方面的知识从过去到现在加以系统化、条理化。只有这样从纵向、横向两个系统中进行研究和学习，才是科学的方法，才能得出正确的结论。

三、研究旅游消费者心理的基本方法

（一）观察法

观察法指研究者在自然条件下有目的、有计划、有系统地直接观察研究对象的外部行为表现，了解其心理活动产生和发展规律的方法。旅游消费者心理是旅游消费者大脑内部的一种主观活动，无法被直接观察到，但它决定、支配着旅游活动中人的行为表现，并通过旅游消费者和旅游企业从业人员的言语、表情、动作表现出来。研究者只要有目的、有计划、有系统地观察、研究，是可以了解他们的心理状态、心理特征及其规律性的。在研究旅游消费者心理的过程中，观察法可以收集的信息和资料有旅游消费者对旅游活动内容、方式和路线的选择及旅游消费者在旅游活动或接受服务过程中的行为表现、体态语言等。

观察法有不同的形式分类。从观察对象来看，有对个体的观察，有对群体的观察，例如通过一天的游览，导致游客愉快、沮丧的原因是什么。

从观察时间来看，有长期观察（跟踪观察）、短期观察（定期观察）。从观察目的来看，有针对性观察和随机观察。从观察内容看，又可以分为全面观察与重点观察。如果可以像导游那样陪同旅游者从入境至出境观察他们在此期间的全部行为表现，就是所谓的全面观察；而如果可以像客房服务员那样根据不同旅游消费者在宾馆客房范围内需求的不同以及不同年龄客人喜好的不同等心理现象进行观察，就是所谓的重点观察。

（二）调查法

调查法指就某一问题用口头或者书面的形式向被调查者提问，让其回答，通过对他的回答的分析来了解他的心理活动的方法。调查法具体可以分为访谈法和问卷法两种形式。访谈法是研究者通过与研究对象（包括个体或群体）的交谈，来收集有关对方心理和行为资料的研究方法。在心理学应用研究中，访谈法常被用来了解人们的兴趣、爱好、态度、需要、感受和意见等。访谈法又可分为结构性访谈和非结构性访谈两种基本形式。结构性访谈又被称为标准化访谈法或控制性访谈法，其特征是预先要对提出的问题、提问的方式、回答的方式等作出严格的规定，在访谈过程中，访问者与被访问者都必须在规定的基础上进行交流和沟通，如中央电视台的“高端访谈”栏目绝大多数属于此类型；而非结构性访谈则预先没有十分明确的规定，访问者与被访问者之间可以自由交流，提问和回答问题的随意度和空间都比较大。

（三）案例法

案例法也称案例分析法，是研究者深入相关案例单位，对研究对象进行全面的较长时间的观察、调查、了解，研究其心理发展的全过程，分析整理、抽象概括出有价值的理论课题的研究方法。案例分析法十分强调调查者的意识积极性，思考的主动性，否则会视而不见、听而不闻，它侧重对单一事件和活动作详尽分析，所运用的方法和技巧比较具有弹性。案例分析对研究结果作叙述和描绘，提供案例的历史和详细的特征，因此也是综合的。运用案例分析法，一是要以明确集中的问题为中心，防止过于漫无边际；二是案例分析只是线索、途径，决不能将对于案例的分析作为终点和目的。

（四）实验法

实验法是在严格控制和创设的条件下，人为地引起一定心理现象的发生，从而进行分析和研究的方法。例如，在导游服务中，对职业相同的两个团队使用不同的导游方法，观察旅游消费者的情绪反应，从中研究他们的心理需求。实验法有两种形式：实验室实验法和自然实验法。

1. 实验室实验法

实验室实验法是在专门实验室内，借助一定的仪器，对各种条件进行控制来研究被试的心理现象。例如，美国某社会科学工作者想知道心情对观众的影响。他要求被实验室画出正在挖沼泽的年轻人之情景，同时使用催眠术，让被实验者感到幸福或心情不安。在这两种心情的影响下，他们画出不同的图；感到幸福的心情——幸福的画面，令人联想到夏天，那就是人生，在户外工作，真实的生活——种树；感到不安的心情——他们会不会受伤，应该有个知道如何应付灾难场合的老人和他们一起才对，水究竟有多深呢？

2. 自然实验法

自然实验法是在日常生活的自然条件下，研究者有意创造或改变一些条件以引起被试的某些心理现象的出现。例如，社会工作者想知道熟悉和未知之间，何者能让人感兴趣。因此，让买新车的人和常年开同车型的人大略翻一下杂志，看谁会仔细的看和自己的车同型的汽车广告。结果显示：买新车的人中，看自己新买汽车的广告比看其他厂牌的汽车广告多28%；本来就有车的人，看现有汽车广告比看其他厂牌的汽车广告只多4%。

实验法的优越性在于研究者处于完全主动的地位，可以自己创设条件引起所需要的心理现象，而不是消极等待它的出现；也有利于对所得结果进行处理分析。自然实验法兼有观察法的自然、经济、可靠等优点，也兼有实验法的主动、集中、精确等优点，较适合于对旅游消费者的心理研究。

（五）测量法

测量法是用量表测量人在某一方面的心理特征的方法。它要求测验所用量表标准化，即量表的编制、实施的过程、算分标准和对测验分数的解释都有明确一致的要求。此方法多用于测量人的智商、情商、性格、态度等。在研究旅游消费者心理的过程中，测验法多用于测量旅游消费者的态度，研究旅游消费者心理特征与其旅游行为的关系，也可以用于对旅游从业人员进行心理测试，用以研究员工的心理特征与服务行为的关心，通过研究旅游从业人员的心理特征，为旅游企业的人力资源管理提供依据。

（六）统计分析法

统计分析法是根据有关部门的统计结果，分析和认识研究对象的心理特征的一种方法，因其便利性和准确性而被广泛运用。统计分析法常用于了解旅游消费者的国籍、年龄、职业、收入等背景特征。

四、旅游消费者心理与旅游消费者行为

（一）旅游消费者的需求与旅游消费行为

旅游消费者的旅游消费行为是在消费心理的支配下发生，并随着消费心理的发展变化而变化的过程。同其他消费行为一样，旅游消费行为有其自身的特点和规律。从消费心理学的角度对消费行为的实际观察表明，消费者的行为具有习惯性、不可逆性、模仿性和复杂性等特性。旅游消费者行为的实质是旅游消费者对旅游产品和服务的购买决策和购买行动的过程。旅游消费者在消费时具有以下特征。

1. 旅游消费者收集信息渠道的专一性

旅游消费者信息主要来自两个渠道：商业环境和社会环境。商业环境包括广告和推销，如旅游经营者通过具有吸引力的信息传递方式增强消费者原有的动机，促使他们接受并赞成这些信息，从而作出计划外的瞬时决策；或通过劝说消费者改变决策的方法来影响他们的旅游决策。旅游消费者社会环境，主要包括家庭成员、亲戚和朋友，这是个体活动信息的重要来源。与商业环境的信息相比，旅游消费者更愿意相信来自亲友的信息，

因为他们用自己的亲身经历和第一手资料，向消费者宣传、介绍、推荐，在很大程度上影响了消费者的旅游选择，这对缺乏经验的消费者尤其能起到引导作用。

2. 旅游消费者的服务风险知觉的敏感性

消费者购买任何商品时都能感到或大或小的风险的存在。但是，服务具有无形性和易变性，使得消费者在购买服务时感知风险的可能性更大。购买服务的风险，一方面是设计购买时的价格风险；另一方面是更有可能遇到的功能风险。所以，旅游消费者在购买旅游服务时会格外注意可能遇到的风险，对风险的大小、可预见性及可控性会比较敏感。

3. 旅游消费者对品牌的高度忠诚性

由于购买服务比购买产品具有更大的风险，而旅游消费又不同于日常必需消费，旅游服务的易变性和无形性使得消费者难以对风险的感知有一个统一的标准。而且不同的消费者因个体和偏好的不同，需要一个大众化且相对可以信任的服务作为参考准则，所以对品牌具有更高的忠诚度。

4. 旅游消费者对服务质量的评价与购买后感受的同步性

旅游服务具有集生产和消费一体化的特性。消费者对服务质量的评价是在与服务人员面对面的过程进行的。当感知超出期望时，消费者就会认为质量很高，消费者就会处于满意状态；反之，当没有达到期望时，消费者就会认为这种服务时不可接受的，就会表现出不满意甚至愤怒。

（二）旅游消费者动机与旅游消费行为

精神需要的提出旨在解释人们外出旅游的原因。事实上，这些精神需要可以以各种具体需要的方式反映出来。例如，这类具体需要可能是为了扩大视野，认识和了解这个世界，探求平常没有接触过的食物，就会以动机的形式表现出来。但是不同的需要产生不同的动机，即使相同的需要也可能因为人们的民族、性别、年龄、职业和文化程度等因素的影响而以不同的动机表现出来，因此，促使人们外出旅游直接旅游动机也是多种多样的。历史上曾经有帝王巡游、商人游行、为健康目的而进行的旅行以及休学旅行等多种旅游形式。在现代，由于旅游的参加者范围更加广泛，动机的类型也更加多样化。美国学者约翰・A. 托马斯曾提出使人们外出旅游的 18 种动机。而美国旅游学家罗伯特・W. 麦金托什则提出，因具体需要而产生的旅游动机可划分为四种基本类型。

1. 身体方面的动机

身体方面的动机包括为了调节生活规律，促进健康而进行的独家休息、体育活动、海滩消遣、娱乐活动，以及其他直接与保荐有关的活动。此外，还包括遵医嘱或建议做异地疗法，洗温泉浴、矿泉浴，做医疗检查以及类似的疗养活动。属于身体方面的动机都有一个共同特点，即通过与身体有关的活动来消除紧张。

2. 文化方面的动机

文化方面的动机指人们为了认识、了解自己生活环境和知识范围以外的事物而产生的动机，其最大的特点是希望了解异国他乡的情况，包括了解其音乐、艺术、民俗、舞蹈、文化及宗教等。

3. 人机（社会交往）方面的动机

人机（社会交往）方面的动机即人们通过各种形式的社会交往，保持与社会的接触，包括希望接触他乡人民、探求访友、逃避日常的琐事及惯常的社会环境、结交新友等。

4. 地位和声望方面的动机

这方面的动机主要与个人成就和个人发展的需要有关。属于这类动机的旅游包括事务、会议、考察研究、追求业余癖好以及求学等类型。旅游者通过旅游实现自己受人尊重、引人主意、被人赏识、获得好名声的愿望。

事实上，由于人的旅游是一种综合性的活动，能够满足人们多方面的需要，而人们外出旅游时，也很少是出于单方面的动机。因此，人们旅游往往是多种动机共同作用的结果，只是有时某一动机为主导动机，其他为辅助动机；或者有时是有的动机被意识到了，而有的动机未被意识到。但是，不管如何，旅游动机是人们对认识到旅游需要的表现形式，即旅游活动。人的需要的形成是多种因素共同作用的结果，由于外因总是通过内因起作用的，因此人们不同动机的形成从根本上是个人方面的因素影响的结果。

（三）旅游消费者态度与旅游消费行为

态度旅游行为的影响直接体现在对旅游决策的影响上，态度是由认知、情感、意向三种成分构成的一种内在心理结构。在旅游决策的过程中，旅游者的某种态度一旦形成，就会导致某种偏爱，进而影响人们的旅游决策，当然，某种偏爱能否导致某种行为，还取决于各种社会因素的影响。

旅游偏爱指人们趋向于某一旅游目标的一种心理倾向，这种倾向取决于人们对某一事物所持态度的强度和对该事物所拥有的信息量和信息种类的多少，旅游偏爱与旅游行为之间的关系比旅游态度与旅游行为之间的关系更为密切。

1．态度强度与态度对象的属性

所谓“态度的强度”，指的是人们对态度对象赞成或不赞成的程度。态度的强度与态度对象的属性有密切的关系。

态度对象的属性，指的是人们在旅游活动中，寻求充分满足自己旅游需要的基本利益。旅游者外出旅游，不仅能够欣赏到秀丽的自然风光和多彩多姿的民族风情，还能够开拓视野，增长见识，结交朋友，获得友谊，这些都是人们寻求的基本利益。当然，不同的人旅游动机是不一样的，旅游市场开发人员要了解旅游者的需求特点，找准他们寻求的基本利益，结合自身的实际情况，将旅游产品的属性与旅游者的基本利益结合起来，就有助于赢得旅游者的偏爱。

2．信息量是旅游偏爱的重要依据

人们对态度对象所掌握的信息量和信息种类的多少是旅游偏爱形成的重要依据。一般来说，人们掌握的信息越全面就越容易形成旅游偏爱。当人们在进行旅游决策时，总希望能够了解当地的风俗习惯、消费水平、社会治安情况以及有无语言方面的障碍等多方面的信息，尤其是对于那些距离比较远的旅游目的地更是如此。

3．旅游态度对象的吸引力

人们对于某一旅游对象的偏爱态度的形成，关键取决于该旅游对象的吸引力。旅游态度对象的吸引力越强，就越可能形成旅游票。对于一个旅游者或者在旅游者来说，旅游目的地的吸引力不仅与旅游者所希望的特定的基本利益有关，而且与该旅游目的地提供这种利益的能力有关。旅游吸引力可用下面的公式表示：

吸引力＝个体获得利益的相对重要性×个体感觉到的目的地提供利益的能力

【思考题】

一、名词解释

1. 旅游消费者行为

2. 旅游消费者心理

3. 旅游消费函数

二、简述题

1. 简述旅游消费者行为的特征。

2. 举例说明旅游消费者行为有哪些类型。

3. 请用实例说明旅游消费者行为的决策过程。

4. 简述影响旅游者消费行为的主要因素。

5. 简述旅游消费者行为和旅游消费者心理的研究方法。

三、案例分析

王先生：35岁，重庆某船运公司部门经理，月薪4 000元，从小在北方长大。

王太太：32岁，某中学历史老师，月薪1 800元，在重庆长大。

儿子：8岁，上小学二年级。

爷爷：60岁，爱好书画，参加过中越战争。

一个周末的夜晚，王先生一家在客厅里看电视，王先生拿着遥控器毫无目的地翻动着，寻找着好看的电视节目，儿子安安静静坐在他旁边，屏幕翻到旅游卫视，电视画面为迪斯尼乐园儿童游乐的场景。顿时，儿子大叫了起来："我要去那儿玩，妈妈，我要去那儿玩。"妈妈平静地回答他说："儿子，我跟你说，那是在日本，一个很远很远的地方，怎么去玩啦？"儿子来劲了，大声叫道："不行，不行，我要去日本，我要去那儿玩。"

"行，放假了爸爸带你去玩。"爸爸敷衍道。

10点钟过后，孩子睡着了。先前儿子大闹的场面还在妻子脑海中浮现。

妻子对丈夫说："你不是每年有一次带薪假期吗？"

"咋啦？"丈夫不解地反问道。

"咱们家房子也买了，儿子现在还小，爸爸有退休工资，日子还算稳定。你看人家老李家，每年都出去玩一次，咱们还是在结婚前出去过好几次，现在我们是不是也该出去看看，同时让咱儿子也长长见识。”妻子问答道。

“恩。”丈夫作出了回应，但没有说什么。

“暑假快到了，你看能不能把你的带薪假期移到暑假内，咱们暑假也出去玩一次。”妻子把想说的话说了出来。

“好吧，不过到哪里去玩呢？”丈夫表示赞同。

“这样吧，你查看一些资料，看哪里比较好玩。”妻子对丈夫回答道。

接下来，王先生在平时上班的同时，特别留意了一些旅游消息，偶儿也在上网查一些资料。

王先生开始查了一些国内著名旅游线路的资料，如九寨沟—黄龙、昆明—大理—丽江—香格里拉、丝绸之路等，这些旅游线路对他有相当强的吸引力。他在电视里看过九寨沟的一些画面，那里的水美得可以让人忘记一切；他想去丽江，丽江的水、丽江的桥以及纳西族人安逸祥和的生活方式使他想远离城市的喧嚣；他还想到丝绸之路去看看，去追寻张骞的足迹，去领略中华古老而灿烂的文化。他想去的地方太多了，一时拿不定主意。他想到了妻子，妻子是中学历史老师，喜欢看人文景点，特别是一些历史遗迹。他想，能不能找到一条自然资源和人文资源并重的旅游线路。

一天，王先生下班回家，看见爷爷和儿子坐在一起，爷爷正给儿子讲越南的一些情况。爷爷参加过中越战争，对越南那边的情况比较熟悉。王先生的思维一下子打开了，他想，他们一家人从来没有到国外去旅游过，为什么不到国外去旅游呢？自己刚升迁不久，原计划打算庆祝一下，但苦于工作忙，一直抽不出时间，现在自己的工作已经进入了正轨，假期一家人就到国外去旅游吧。

睡觉前，王下先生把自己的想法给妻子说了一下，妻子表示赞同丈夫的想法。同时，妻子表达了两点想法：一是对国外的情况不熟悉，不知道能否适应那里的环境，他们都不会英文；二是她听同事说，目前中国已开通了多条出境旅游线路，包括欧洲、日本、韩国、澳大利亚、“新马泰”等，如果要出国的话，到底该选择那一条旅游线路呢？

王先生表示他到旅行社去了解一下情况。

王先生去了重庆中国旅游社，接待他的是一位姓李的年轻女士。王先生首先说明了自己的来意，他说他们全家想在这个暑假到国外去旅游，但不知道选择那条旅游线路比较好。

李小姐首先从总体上给他介绍了一些情况。她说，“新马泰”这条旅游线路开发时间比较早，成熟一些，价格相对便宜，而且这几个国家的文化背景和中国有相似之处；欧洲旅游线路这两年才得到开发，现在的旅游产品形式是把多个国家捆绑在一起，没有把一个或两个国家作为一条旅游线路的，因此一般来说价格高一些，出游时间也长一些。另外，他们还开通了到韩国、日本、澳大利亚和马尔代夫等的旅游线路。非洲也开通了一些国家，如南非、毛里求斯等。美洲现在主要集中在商务旅游。

王先生思索了一会，决定把欧洲游和新马泰旅游作为重点考虑和选择的对象。爷爷一直有反日情绪，平时都不用日货；韩国又太小了，没有什么可看的；澳大利亚天气太热，爷爷身体一直不太好，去那里害怕引起身体的不适。

李小姐给王先生看了欧洲游和“新马泰”旅游的一些资料。

回到家后，王先生把在旅行社了解的情况和自己的想法给妻子说了一下。妻子把丈夫拿回来的资料看了一下，她特别留意了价格、游览景点和住宿条件。

“我想我们去‘新马泰’吧，欧洲游的价格太贵了，每人 10 000 元，快是我一年的工资了。”尽管在妻子的心目中，欧洲对她的吸引力更大，她想去看法国的凯旋门、卢浮宫和埃菲尔铁塔，想去看看古罗马的斗兽场，想扁舟在威尼斯的城中，但是，她还是作出了这样的决定。

“好吧！”丈夫勉强地赞同了。

丈夫接着说道：“咱们这是第一次到国外去旅游，先去近的地方吧，近的地方我们比较熟悉，下次我们出去旅游就走远点。这样吧，我查一下‘新马泰’这些国家的一些资料，到时候我们去旅游心里才有底。我有个同学去‘新马泰’玩过还比较满意。在马来西亚的吉隆坡可以看世界第四高塔——凤梨塔，可以目睹好莱坞影片《偷天陷阱》中的那两幢联体摩天大楼，可以去巴雅岛海洋公园玩，咱们的儿子肯定特别喜欢。在新加坡我们到马六甲海峡拍照，让咱们家的历史也在那里凝固，我们还要到著名的圣沟沙岛游玩。在泰国我们领略浓郁的泰国水乡风情，去‘东方夏威夷’之称的海滨度假胜地芭堤雅。”

妻子打断了丈夫的话，说：“我听我的同事说，到‘新马泰’旅游如果报价格低的团购物特别多，让人特别失兴，你再到旅行社去问一下，如果是那样，我们就报标准高一些的团。”

最后，王先生报了一个价格稍高的一个团。但是爷爷没有去，爷爷说他身体不好，出去怕消受不起。

在暑假，他们全家度过了一次愉快的旅行。

1．分析哪些因素影响了王先生一家对旅游产品的选择和购买？又是怎么影响的？

2．在本案例中，哪些是主要影响因素？哪些是次要影响因素？

四、论述题

1．谈谈你所在群体的旅游消费行为具有哪些特征。

2．你认为当前我国旅游消费者行为具有哪些问题，应该如何引导？

【本章推荐阅读书目】

[1] 徐子琳，严伟．旅游心理学［M］．上海：复旦大学出版社，2011.

[2] 罗明义．旅游经济学——分析方法·案例［M］．天津：南开大学出版社，2004.

[3] 薛群慧．旅游心理学——理论·案例［M］．天津：南开大学出版社，2008.

[4] 叶全良，丁枢．旅游经济学［M］．北京：旅游教育出版社，2010.

[5] 李雪冬．旅游心理学［M］．天津：南开大学出版社，2008.

[6] 林南枝．旅游经济学［M］．天津：南开大学出版社，2009.

【本章主要参考文献】

[1] 周亚伯拉罕·匹赞姆，优贰·曼斯菲尔德．旅游消费者行为研究［M］．大连：东北财经大学出版社，2005.

[2] 韦鑫．国内旅游者行为研究综述［J］．黄河之声，2007（3）.

[3] 王丽萍．对旅游消费中合理消费的探讨［J］．安徽科技学院学报，2006（6）.

[4] 王立峰．绿色旅游消费的路径选择［J］．科技广场，2007（2）.

[5] 阮友利．旅游者网络消费行为特征初步研究［J］．青岛大学学报，2005.

第七章 旅游消费者权益保护与消费教育

【本章概要】

本章着重阐述了旅游消费者权益的含义、特征、保护旅游消费者权益的必要性，分析了旅游消费者权益受损的主要表现和原因，探讨了保护旅游消费者权益的途径，最后通过加强旅游消费教育如理性消费等，维护旅游消费者合法权益。

【学习目标】

●了解旅游消费者权益的含义、特征。

●了解旅游消费者权益保护中的不足，理解保护旅游消费者权益的必要性。

●了解旅游消费者权益受损的主要表现和原因。

●了解旅游消费者权益保护的立法体系与旅游消费纠纷解决机制。

●了解居民旅游消费教育亟待加强的原因。

●掌握居民旅游消费教育的科学性、合理性和有效性具体措施。

【关键性术语】

旅游消费者；旅游消费者权益；旅游立法；维权法律体系；旅游合同；旅游纠纷；旅游投诉；旅游维权；旅游执法；小额旅游纠纷法庭；调解与仲裁；旅游教育网络；理性消费等

【章首案例】

突发眼疾退团 旅行社为何不退全款

宋先生向中国旅行社西宫营业部预订 2012 年 8 月 13 日前往欧洲的 8 晚 11 天旅游，协议总费用 14 100 元，计划游览法国、意大利、瑞典等国家和地区，因眼睛突然发病，医生要求不能按时旅行，于是 8 月 6 日正式向旅行社提出退团。结果，原来交的 3 000 元钱，只退回 500 元。

记者现场采访旅行社时，有关负责人称，接到宋先生退团决定时，已将其签证办好，机票也订好。所扣2 500元包括700元签证费和300元签证劳务费（工作人员将宋先生护照送至有关部门办理签证耽误时间和所付出劳动的费用）；另外1 500元为向航空公司退定机票时，被航空公司收取的违约费。

记者在未告知被投诉旅行社名字的情况下，咨询有关法律人士及其他从事出境业务的旅行社时，得到的答复是，提前一周取消出境游时，签证一般已办理好，机票一般也已定好，相关费用必须由消费者承担，宋先生被扣2 500元属正常情况。记者采访后，旅行社也提供了所扣2 500元的详细凭据。

资料来源:《突发眼疾退团　旅行社为何不退全款》,《青年报》,2012-10-09.

第一节　旅游消费者权益概述

经过三年的起草准备，《中华人民共和国旅游法》（简称《旅游法》）于2013年10月1日颁布实施，中国旅游业全面进入有法可依、依法治旅的新时代。我国《旅游法》第一条即规定：“为保障旅游者和旅游经营者的合法权益，……制定本法。”根据消费者协会多年来受理投诉和消费者反映的情况看，旅游消费领域一直存在着景区管理混乱、旅行社合同条款不清晰、零负团费导致团队游品质下降等种种弊端，这些行为不仅侵害了旅游消费者的合法权益，也影响了中国旅游业的形象，制约了旅游业持续健康发展。

一、旅游消费者权益的含义

所谓“消费者权益”，指消费者依法享有的权利以及该权利受到保护时而给消费者带来应得的利益，其核心是消费者的权利。因此，旅游消费者权益可以理解为旅游者在旅游消费活动中，依照旅游法律、法规和其他相关法律、法规应当享有的权利，以及在享有该权利期间所应获得的利益，其核心是旅游消费者的权利。可见，旅游消费者权益是受国家旅游法律、法规或有关制度所保护的，不能被非法侵犯的权利或利益。在权益受保护期间，旅游消费者可以依照旅游法律、法规和其他相关法律、法规做出一定行为或不做出一定行为，要求对方做出一定行为或不做出一定行为来争取应得的利益。

二、旅游消费者权益的特征

由于旅游消费者权益是旅游者在旅游活动过程中所享有的权利以及应取得的利益，因而旅游活动的特殊性决定了旅游消费者权益不同于其他消费者权益的特征。

（一）同步性

旅游消费者权益与旅游消费者是共生的。当一个人参加某次旅游活动时，才成为一名旅游消费者，随之也就享有了旅游消费者权益；如果没有参加旅游活动，那就不是旅游消费者，也就不可能享有旅游消费者权益。当一次旅游活动结束后，旅游消费者的身份自然消失，其所伴生的旅游消费者权益也相应消失，因而旅游消费者与旅游消费者权益是同步出现又同步消失的。

（二）一次性

旅游者的身份是有指向性的，它仅限于某一次具体的旅游活动，而不是多次旅游活动。作为一次具体的旅游活动是有明确的起止时间的，因此，只有在某一次具体的旅游活动存续期间，旅游者的身份才有效，一旦当次旅游活动结束，旅游者的身份也随之结束。因为旅游者的身份是旅游者权益保护的前提，所以旅游者身份的一次性也就决定了旅游者合法权益的一次性，即不能提前预支该项权益，也不能延期享有该项权益。

（三）地域性

旅游是人们出于移民和就业任职以外的其他原因，离开自己的常住地前往异国他乡的旅行和逗留活动以及由此引起的现象和关系的总和。可见，旅游消费者必须离开居住地前往异地时才能享有旅游消费者权益，但这个异地不需要明确是一个、几个或距离居住地有多远，只有旅游消费者离开居住地到异地旅游，在这个地域产生的权益才属于旅游消费者的权益。

（四）双重性

美国旅游学家罗伯特·W. 麦金托什将旅游动机划分为身体方面的动机、文化方面的动机、社会交往方面的动机、地位和声望方面的动机四种基本类型。其中，第一种动机属于物质层面的动机，后三者属于精神层面的动机。因为一个人的旅游往往不是某一方面单一的活动，而是一种综合性的活动，所以人们外出旅游时也很少是出于某一方面的动机，可以说旅游消费者的旅游动机是双重性的。这也决定了旅游消费者权益的双重性，它不同于其他消费者或享有物质权益或享有精神权益，而是即享有物质权益又享有精神权益。在通常情况下，旅游消费者的精神权益比物质权益显得更为重要，同时精神权益也比物质权益更容易受到侵害。

（五）复杂性

（1）侵害旅游消费者权益的主体具有复杂性，“食、住、行、游、购、娱”旅游六大要素的相关企业在旅游消费者进行旅游活动中都可能发生损害旅游者权益的行为。

（2）旅游消费者权益的构成具有复杂性，根据《消费者权益保护法》的规定，旅游消费者应享有安全保障权、知情权、自主选择权、公平交易权、求偿权、结社权、获取知识权、获取尊重权、监督批评权等九项权利。

（3）维护旅游消费合法权益的适用法律、法规具有复杂性，既包括

《消费者权益保护法》、《产品质量法》、《反不正当竞争法》、《民法通则》、《合同法》等通用法律，也包括《旅游法》、《旅行社条例》、《旅行社条例实施细则》、《导游人员管理条例》、《导游服务质量》、《旅游投诉处理办法》和《最高人民法院关于审理旅游纠纷案件适用法律若干问题的规定》等旅游管理法律、法规，还包括诸如《江苏省旅游行业管理规定》、《湖南省旅行社管理条例》等一些地方性旅游法规。

三、我国旅游消费者权益保护存在的不足

（一）对旅游消费者权益保护的专门规定，长期缺乏

《旅游法》出台之前，我国对旅游消费者权益的保护主要是依据《消费者权益保障法》《合同法》《侵权责任法》的规定，但由于旅游消费所具有的特殊性，在适用《消费者权益保障法》《侵权责任法》等法律来解决旅游消费者权益保护问题时，常常会出现某些特殊的旅游消费者权益无法得到有效保护的情形；行政法规和部门规章则因为主要是针对某一行业而不能全面有效地保障旅游者合法权益；地方性法规由于立法水平的局限和对本地区局部利益的侧重考虑，造成在地方性法规中出现一些相互冲突的规定，既影响了法制的统一，也对旅游者权益保护造成一定的消极影响。2013 年 10 月 1 日开始实施《旅游法》，2014 年 3 月 15 日开始实施新《消费者权益保护法》，旅游消费者权益得到法律的进一步保护。

（二）针对旅游合同的专门立法，长期缺乏

作为明确旅游者与旅游经营者之间权利义务关系的协议，旅游合同对旅游者权利保护有着重要影响，实践中所发生的许多旅游纠纷往往与旅游合同的具体内容有关。依据《合同法》的规定，旅游合同属于无名合同。由于旅游合同与《合同法》分则中多种有名合同都存在着一定的异同，因而在处理因旅游合同引发的纠纷时法律规则的适用较为复杂，很容易出现法律适用的不统一，影响合同双方利益的保护和法律的权威，虽然我国一些地方旅游主管部门推出的旅游合同示范文本在一定程度上消除了对旅游消费者不公平的规定，但旅游活动的特殊性决定了靠这种示范文本无法解

决旅游中出现的特殊情况。2013 年内含“旅游服务合同（第五章）”的《旅游法》出台和实施，将使这一状况得到极大改善。

（三）旅游争议的各种处理机制之间缺乏有效衔接

在发生旅游纠纷时，旅游消费者寻求救济方式和一般消费者并无不同，主要有协商、调解、投诉、仲裁、诉讼五种，旅游消费的特殊性使这五种方式在解决旅游纠纷方面都存在着一定的不足。协商要以纠纷双方力量对比相当、双方有解决的诚意为前提，旅游消费者相对于经营者的弱势地位决定了协商在化解旅游纠纷方面难有大的作为。调解是在第三方主持下进行的协商活动，调解主持人是否中立、调解技巧、争议双方的力量对比、对解决争议的态度等对调解的结果都有很大影响。民间调解组织（主要是人民调解委员会）本来是一种重要的调解人，但在发生旅游争议的时候（特别是在旅游景区发生的），恐怕很难找到这样的调解组织。消费者协会本来也是一个合适的调解人，但同人民调解委员会一样，他们也很难找到（这是由他们日常办公场所的设置决定的）。仲裁较之于上两种方式具有一裁终局的特点，但通过这种方式解决纠纷必须以双方在纠纷发生前或发生后订立有效的仲裁协议为前提，旅游消费者与旅游经营者之间的力量对比往往使这种协议很难达成。旅游投诉是《旅游投诉处理办法》规定的一种由旅游行政管理部门、旅游质量监督管理机构或者旅游执法机构解决旅游争议的方式，如何克服其可能存在的官僚作风、确保其在调解中的中立性是其有效发挥作用的重要因素。诉讼则因其复杂的程序和可能的高额诉讼成本而无法在小额的、主要只涉及精神权益的旅游消费争议方面发挥太大的作用。

四、保护旅游消费者合法权益的必要性

随着社会经济的发展和人民生活水平的提升，旅游发展成为一项大众休闲产业，世界上各个国家都在大力发展本国的旅游业以促进经济的发展；每个国家的地方也在发展旅游业，以促进地方经济的发展，因此，旅游业的发展面临着极大地挑战，其中旅游服务质量、旅游消费者的满意度是决定旅游效益的一个重要因素。

（一）保护旅游消费者的合法权益是促进旅游业发展的需要

旅游业属于服务产业，回报率高，能带动其他相关产业诸如餐饮、旅游纪念品、建筑等的发展，在推动国民经济的发展中占有非常重要的作用。近年来，我国的旅游业获得了快速发展，2009 年《国务院关于加快发展旅游业的意见》指出："把旅游业培育成国民经济的战略性支柱产业和人民群众更加满意的现代服务业，力争到 2020 年旅游业规模、质量、效益基本达到世界旅游强国水平。" 在国家的大力扶持下，我国旅游业一定会获得长足的发展。旅游业的快速发展还需要和谐的旅游消费环境，只有在健康的旅游消费环境下，旅游消费者的权益才能够得到有效的保障。我国消费者协会把 2010 年的主题定位 "消费与服务"，主要目标是通过加强消费维权工作带动消费，提高服务质量。这里所说的服务主要有三层含义，一是服务消费者，二是服务经济发展需求，三是服务社会和谐。在旅游业中，旅游消费者的合法权益得到有效保护有助于推动经济的发展构建和谐社会，所以要加强旅游消费者合法权益的保护。

（二）保护旅游消费者的合法权益是体现我国旅游业发展水平的需要

衡量一个国家旅游业发展水平的标志，主要在于旅游消费者的权益是否得到有效保障。从旅游业比较发达的国家来看，旅游业越发达，对旅游消费者合法权益的保护程度越高。比如德国和法国在民法典中，对旅游合同和旅游消费者的合法权益都做了比较具体的规定。另外还有 60 多个国家出台了《旅游法》，确立了旅游业在国民经济发展中的重要地位，并且具体规定了旅游消费者应有的权利。因此，我国旅游业要向世界看齐，加强对旅游消费者合法权益的保护。

（三）旅游投诉居高不下，使保护旅游消费者的合法权益成为必要

从近年来国家旅游局统计的旅游投诉受理结案情况来看（表 7.1），

旅游投诉件数不断增加、居高不下，我国旅游业发展中损害消费者权益的现象比较突出，维护旅游消费者合法权益的路还很长，有必要加强对其消费权益的保护，减少旅游投诉。

表 7.1　旅游投诉受理结案情况

类别 年度	投诉件数	正式受理件数	已结案件数	结案率（%）
2012	11 875	10 513	10 322	98.18
2011	11 060	10 003	9 798	97.95
2010	9 942	8 768	8 571	97.76
2009	8 623	7 583	7 457	98.34
2008	9 334	8 068	7 887	97.76

数据来源：根据历年国家旅游局提供的旅游投诉受理情况数据整理而成。

第二节　旅游消费者权益受损的主要表现和原因

一、旅游消费者权益受损的主要表现

根据《消费者权益保护法》的规定，消费者享有安全保障权、知情权、自主选择权、公平交易权、请求和获得赔偿权、结社权、获得知识权、受尊重权等权利。在旅游消费中，安全保障应该是最为重要的。调查发现，旅游消费者在以下方面权益受到侵害的情况较为严重：

（一）旅游消费者的安全权得不到充分有效的保障

安全保障权是指旅游消费者在购买、使用旅游商品或者接受旅游服务时，依法享有的人身、财产安全不受侵害的权利，是旅游消费者应享有的最基本、最重要的权利。旅游消费者的安全权保障方面现存的问题主要应当表现在以下方面：① 交通安全；② 景点、或游览区域地形地貌的安全保障；③ 景点、娱乐场所环境和设施的安全保障；④ 餐饮卫生安全；⑤ 住宿安全；⑥ 购物消费安全等。但从近年来的实际情况看，上述旅游安全保障欠缺而发生的事故在一些地方时常发生。比如，旅游客车在途中发生翻车或碰撞事故，因此我们在颂扬导游英勇营救旅客的同时，也应当考虑到旅游者的安全是否得到了足够保障的问题。又如，由于景点或游览区域存在危险的地形地貌而没有采用保险防范设施导致游客坠落造成的伤亡事故，因景点、娱乐场所的游玩设施不过关而导致的游客伤亡事故、游客集体餐饮后发生多人腹泄、游客在住宿宾馆财产丢失或被外人殴打的情况。

（二）侵犯旅游消费者知情权的现象较为普遍

消费者享有知悉其购买、使用的商品或者接受的服务的真实情况的权利。旅游消费者有权了解旅游行程的具体安排，包括乘坐的交通工具类别及价格、游览的景点、景点门票、自费情况、优惠内容、游览时间、住宿标准、餐饮标准、购物次数、导游服务费用等。但是在实际情况中，旅行社等旅游经营者并不一定会规范、完整地向旅游消费者事先报告准确、真实的行程安排和饭店、住宿酒店、景点等消费项目和规格和标准等，有的或多或少的地向旅游者提供过虚假信息的情况。一些旅游经营者通过虚假广告的形式，利用词语的模糊表述对旅游商品的范围、内容、标准等做虚假的、引人误解的宣传。旅行社利用虚假广告或者诱人的价格欺骗旅游消费者与其签定旅游合同，再变相收取额外的自费费用，或者在履行过程中未经游客同意擅自增加或者变更服务项目、自费项目等。

（三）旅游消费者的自主选择权与公平交易权被侵犯

旅游者应自主决定是否参加旅行活动、自主选择旅游商品的种类、自主选择旅游服务的方式、自主选择旅游商品或者旅游服务的提供者，旅游者在旅游消费中有获得质量保障、价格合理、计量正确以及拒绝旅游经营者强制交易行为的权利。但是在实际情况中，旅行社与旅游者签订的多半是格式合同，合同中规定了一系列的免责条款，由于旅游者出于劣势也只能选择接受，同时出游的行程单的内容大部分也是固定的，旅游者只能选择行程单的种类而很难在固有的行程内容上按照自己的喜好增加或减少旅游项目。在旅途中，有的导游为了私拿回扣，以改变行程顺序为理由擅自增加自费项目或减少行程中的项目，带游客到固定商店进行强制购物消费。有的旅行社更是擅自降低服务等级标准，旅游行程缩水、时间缩水，“吃、住、行”打折扣现象也是时有发生。

（四）损害求偿权的行使和保障不到位

旅游者在旅游过程中，因购买、使用旅游商品或接受旅游服务而受到人身和财产权损害时，依法享有获得赔偿的权利。在旅游者的合法权益受到侵害的时候一般可以通过民事方式进行救济，包括协商，调解，直至仲裁或诉讼。但是目前来看，消费者求偿权的行使状况依旧不够乐观。有的旅游消费者怕耽误行程或搞僵了与导游的关系而影响旅游消费的质量，在发生侵权的当时就放弃了求偿；更多的情况是由于存在投诉途径不畅、程序复杂、行业自保、所需证据因时过境迁而难以提供等，消费者往往中途放弃损害赔偿的请求权；只有在遇到数额比较大的纠纷时，消费者才可能为了维护自己的权益而最终选择诉讼途径。

（五）旅游消费者获得尊重权欠缺保障

有的旅游服务人员肆意辱骂或取笑旅游消费者，威胁消费者强制消费，对旅游消费者进行搜身，甚至对不消费游客进行暂时扣押，对老年人或者是儿童收取年龄差别费等。

二、旅游消费者权益受损的主要原因

（一）信息不对称是导致旅游消费者权益受损的根本原因

首先，旅游产品是一种集食、住、行、游、购、娱于一体的综合性产品，而旅游消费者则是单独的个体，他们在面对因产业链紧密联系的各类旅游经营者时，必然处于一个弱势的地位，获取信息的能力显然不足。其次，旅游消费者像购买其他一般商品那样通过视觉、听觉、味觉、触觉和

嗅觉了解旅游产品的信息。由于市场主体具有“经济人”的特性，旅游业的信息不对称为旅游经营者侵犯旅游消费者权益提供了可能。

（二）旅游消费者权益受损的法制原因

1. 旅游消费者权益保护立法不健全

（1）旅游消费者权益保护立法体系尚未形成。

《最高人民法院关于旅游纠纷案件适用法律若干问题的规定》自2010年11月1日起施行，这与我国旅游业蓬勃发展的态势极不相称。鉴于旅游消费与其他一般性消费行为的显著差别，运用保护消费者权益的一般性法律解决旅游消费者权益保护的特殊问题在实践中已经出现了诸多难题。同时，虽然目前我国针对旅游业的特殊性制定了诸如《旅行社条例》、《导游人员管理条例》等一些行政法规、规章，确实也在一定程度上起到了弥补法律不足的作用，但它们在整个法律体系中只处于较低的层次，权威性不高。这些问题都直接影响了旅游消费者权益的保护。2013年10月1日开始实施的《旅游法》使上述问题得到根本改善，尽管如此，仍有相关行业人士在《旅游法》实施不到一个月，即提出相关部门应尽快制定《旅游法实施细则》，从而使《旅游法》得到更好执行。

（2）旅游格式合同缺乏有效的法律规制。

《合同法》尚未将旅游合同作为一种典型合同纳入其中，没有将旅游服务中的一些现实的问题如旅游经营者的义务问题在法律制度中予以明确规范。因此，实践中，执法部门只能援用《民法通则》《合同法》《消费者权益保护法》等一般性规定来解决旅游合同纠纷。由于这些规定较为宽泛，缺乏针对性与操作性，旅游合同纠纷的处理难度大，效果也不甚理想。

2. 旅游消费者权益纠纷解决机制不完善

（1）民事救济方式的缺陷。

首先，协商或调解的方式的最大缺点是它必须以双方当事人自愿达成协议为前提。一旦遇到分歧严重、争议较大的纠纷时，这种方式便没有了适用的可能。其次，仲裁申请同样是以双方当事人自愿达成仲裁协议为前提，否则仲裁委员会不予受理。再次，诉讼方式的最大局限性在于诉讼程序复杂、成本高昂。由于旅游纠纷多为小额纠纷，因此当事人往往基于维权成本的考虑不喜欢选择这种救济方式。

（2）投诉救济方式的缺陷。

一方面，由于旅游服务的生产与消费同步进行的特征，旅游行政管理部门很难对旅游投诉中的损害行为进行调查取证，从而极大地影响了处理投诉事件的效率以及做出处理决定的公正性；另一方面，根据《旅行社质量保证金暂行规定》和《旅行社质量保证金赔偿暂行办法》的规定，旅游行政管理部门只能处理因旅行社自身过错达不到合同约定的服务质量标准，旅行社服务未达到国家标准或行业标准，旅行社破产造成旅游消费者预交旅行费损失等三种情形，赔偿范围则仅限于直接经济损失。这样过窄的赔偿范围和赔偿标准显然保护不了旅游消费者的精神权益。

（三）我国旅游执法问题严重

1．旅游执法主体资格与执法权限问题

目前，我国旅游行政执法主体主要有三类：一是各级旅游行政管理部门，如各地的旅游局或者旅委会；二是为受理关于旅游服务质量的投诉，各地成立了省、市、县三级旅游质监所；三是某些省市如云南、成都等从公安、工商、旅游、物价、交通等部门抽调人员，成立了旅游综合执法大队、执法大队或旅游监察大队，统一执法。从目前的现状来看，负责对旅游市场进行执法检查、受理旅游投诉的大多为旅游执法大队、旅游质监所等。而它们往往以旅游局的名义执法，不独立承担法律责任。

2．旅游执法经费严重不足

执法经费直接影响旅游执法的效果。目前，我国大多数旅游质监所、执法大队等都属于“自收自支”的事业单位，享受不到行政拨款的资金支持。由于我国旅游企业规模普遍不大，而且市县级的旅行社数量有限，这就使得这点经费来源恰似杯水车薪，难以支付包括人员工资、交通费用、通讯开支、执法人员加班补贴等各种费用。特别是在一些边远山区，由于执法经费不足，旅游执法部门没有专用车辆，甚至只能靠乘坐公交车或者步行执法，大大影响了旅游执法的效果。

（四）旅游消费者的法律保护意识不强

首先，一些旅游消费者不了解法律法规，不重视甚至不知道旅游消费者究竟享有哪些权利。这就为旅游经营者提供了极强的侵权动机，比如借机通过虚假广告形式欺骗消费者消费。其次，旅游消费者在签订和履行旅游合同的过程中缺乏自我保护意识。一方面，旅游消费者在接到旅游企业出示的旅游合同时不注意审查合同条款就匆匆签字，结果常常掉入“陷阱”；另一方面，在合同的履行中，旅游经营者往往通过擅自减少服务项目或改变旅游路线的方式侵犯消费者利益，然而很多消费者却在旅游经营者的“花言巧语”之后对这些侵权行为表示了“理解”，甚至“表示满意”。再次，即使一些旅游消费者意识到自己的权益被经营者侵犯，却也常因为维权成本等原因的考虑，选择了“默默忍受”，这无异于助长旅游经营者的侵权气焰。

总之，由于旅游消费者不知法（《合同法》《消费者权益保护法》等）、旅游经营者不守法（表现为对游客的坑蒙拐骗等欺诈行为）、旅游执法者不执法（或执法不力或默许纵容或与经营者一起违法牟利），旅游市场上缺乏知法守法和严格执法的软环境，缺乏旅游市场各个构成要素之间相互制衡的法律机制，缺乏旅游消费者普遍的、强烈的自我保护意识，加上旅游消费者与旅游经营者、旅游管理者的信息不互动与不对称及其它综合原因，是目前旅游消费者权益保护受损的主要原因。因此，有关旅游管理部门应落实对旅游市场、旅游维权的监督与检查，旅游消费者自身应加强自我保护能力，旅游经营者严格守法、诚信经营，取财有道而不是唯利是图，旅游消费者权益才能得到最大化保障。

第三节　旅游消费者权益保护的主要措施

一、完善旅游消费者权益保护的立法

（一）完善旅游消费者权益保护法律体系

为了最大限度地维护旅游消费者的权益，改变旅游市场上信息极不对称的局面，最好的办法是依据《旅游法》出台相关行业法规实施细则，明

确旅游市场各主体（旅游消费者、旅游经营者、旅游管理者以及境外旅游组织等）之间的具体权利和义务关系。当前我们要着重加强旅游业专项立法建设，主要以旅行社立法、景区立法和饭店立法为重点，以旅游消费者权益保护为中心，及时弥补法律空白，并对一些不适应旅游经济发展的法律法规作出及时的修订和完善。

国际上旅游业比较发达的国家普遍制定了系统、全面的旅游法，为保护旅游消费者权益，规范旅游经营者的行为，促进旅游业的发展提供了有力的法律保障。1979 年颁布的《全国旅游政策法》成为美国的旅游基本法，规定了美国的旅游政策、全国旅游政策委员会和美国旅行游览发展公司的有关事项、注重保护旅游消费者的权利。同时，美国各州也制定了很多地方性旅游法规，如《加利福尼亚州旅游政策法案》等。

日本旅游业较为发达，有一套较完备的旅游法律体系，包括以下三类：旅行业法、与旅游相关的法律、旅游基本法。1971 年颁布的《旅行业法》在旅游业种类、交易形式、旅游业务、各营业部门的设置、契约条款的认可、旅行社注册登记等方面均做出了明确而又具体的规定。1992 年通过的《日本旅行业法修改草案》，该草案修订了注册登记制度，改善了营业保证金制度，提高了旅行社协会的指导权限，在根本上成为日本旅游消费者权益的保护法，满足了日益增多的海外游客的需要，更好地保护了旅游消费者的权益。1963 年颁布的《旅游基本法》总则中规定：要促进外国旅游消费者的来访，要提高对外国旅游消费者的接待工作，打造国际旅游地区和国际旅游路线，确保旅游安全，增进旅游消费者的便利。1982 年《旅游基本法》的修订细则中增加了旅行业约款：旅行社与参加包价旅游的旅游消费者之间缔结的办理旅游业务的合同，至少要明确办理旅游业务的手续费用、交易过程中金钱的收受与退赔以及旅行社责任等事项。

此外，《匈牙利民法典》规定：“旅行社未完全按照旅游合同所约定的条件履行义务，旅游消费者有权请求减少费用，还可以请求赔偿由于不完善的旅游而在其他方面受到的损失。”《德国民法典》对旅游合同也进行了系统的规定，规定了旅游经营者与旅游消费者之间的权利、义务。《法国民法典》就旅馆对旅游消费者行李物品应负的责任问题进行了特别规定。

【小资料】

《旅游法》与消费者权益保护

针对社会上反映最为强烈的旅游市场秩序混乱和旅游者维权困难等问题，《旅游法》从保护消费者权益等方面做出了很多具体规定：一是规定了旅游者的八项权利；二是有针对性地对旅游合同提出了规范性要求；三是规范了零负团费问题；四是加强了景区管理规范；五是加强了旅游安全保障；六是做出了惩罚性赔偿规定；七是规定了多主体的救助和保护责任。这些规定对于保障旅游者的基本权利、促进旅游业持续健康发展、规范旅游市场具有深远意义。

中国旅游研究院院长戴斌认为，《旅游法》重点解决了团队游客的问题，但是对散客关注不够。散客的权益如何保障，将是中国旅游业下一步需要研究的课题。

（二）强化对旅游格式合同的法律规制

1. 将旅游合同典型化

为了促进现代旅游业的发展，西方发达国家纷纷在《旅游法》《民法》和《合同法》中增加了旅游合同法律规范，以解决旅游消费者和经营者之间的信息不对称以及旅游消费者权益的保护问题。为了适应我国旅游业蓬勃发展的形势，切实保护旅游消费者的权益，我们在尊重我国现实国情的基础上，可考虑借鉴吸收德国、日本等国在推行“标准旅游合同”方面的成功经验，尽快将旅游合同予以典型化。

2. 强化旅游格式合同提供者的义务

由于旅游市场上的信息不对称，旅游消费者往往不能充分了解旅游经营者提供的格式合同的内容，从而为旅游消费者权益被旅游经营者侵犯埋下了隐患。因此，将旅游合同典型化的核心内容就在于强化旅游格式合同提供者（旅游经营者）的义务。对比，我们可以借鉴《保险法》中一些关于规制保险合同格式条款的规定，如必须明确旅游经营者的说明义务。

（三）在旅游业专项立法中增加对消费者权益保护的规定

1. 与旅行社相关的立法

2009年国务院颁布的《旅行社条例》针对近年来旅游业中频频出现的低于成本报价、强制游客购物、收取合同之外的附加费等损害游客权益行为，出台了一系列维护游客合法权益的规定，这对旅行社行业的健康发展和消费者权益的保护都起到了极大的促进作用，但仍存在一些需要完善的方面，如现在有许多旅行社在从事旅游电子商务，还有许多个人利用网站的论坛、各种即时通讯工具直接或间接从事旅游组团业务，不仅影响旅行社的正常运行，而且消费者权益也难以得到有效保障，应尽快对此类现象进行规范。

2. 与景区相关的立法

景区是旅游消费的主要场所，对旅游质量和消费者权益保护都有着重要的影响。近年来，旅游业快速发展与景区相关硬件建设落后之间的矛盾日益突出，节假日等旅游高峰景区人满为患，“上山看屁股，下山看脑袋”便是这一矛盾的典型体现，严重影响了旅游的质量，也给游客的人身和财产安全带来极大威胁。现有的与景区相关的立法中关于游客权利与义务方面的规定极少，游客的基本权益得不到应有的法律保障。一方面，应该在关于景区立法中增加关于旅游者权益保护的内容，对景区仿照旅行社实施保证金制度，以保障游客权益、处罚违纪经营、补偿游客在景区游览过程中因景区管理不善而蒙受的损失；另一方面，可以对各类景区按规模、影响、服务质量实施分等级，按不同级别规定各自享受的不同权益，尤其是在市场推广销售方面。

3. 与饭店相关的立法

我国目前饭店立法极少，处理饭店与旅客之间的纠纷大多根据民事法律关系来处理，它在内容上无法涵盖酒店所有的特定的法律关系，使有些纠纷的处理无法可依。酒店法是对民法基本原则在饭店业的具体化和专门化，是对民法的补充，应出台我国饭店业的法规或规章，对消费者在饭店就餐时的权利和义务、饭店经营者的权利义务等作出明确规定，使消费者的利益得到更好保护。

二、完善旅游消费者权益纠纷解决机制

（一）设立小额旅游纠纷法庭

小额诉讼程序起源于美国，随后日本、德国以及我国台湾、香港等地区相继引进。其最大的优越性在于能简便、快捷、廉价地解决诉讼纠纷。比如香港就设有小额钱债审裁处，专门受理消费者小额经济纠纷。

目前我国已有一些地方开展了旅游法庭的试点，比较典型的是海南。海南省从 2002 年开始就在三亚市进行了旅游法庭试点，针对三亚客流量大的特点，实行巡回办案，在春节的时候，三亚旅游法庭还会在一些重要的景点设立值班点，采取当庭调解、案发地调解、电话调解等方式进行快速公正的判决。在总结试点经验的基础上，2010 年 3 月 26 日海南省高院向全省各级人民法院下发了关于《全省法院设立旅游诉讼服务中心》的通知，要求全省各级法院分别在立案庭设立旅游诉讼服务中心，在重要旅游区设立旅游巡回法庭，截至 2010 年 3 月 31 日全省法院共设立了 27 个旅游诉讼服务中心和 27 个旅游巡回法庭，均已挂牌受理案件，并向社会公布了 24 小时值班电话。各旅游诉讼服务中心和旅游巡回法庭坚持就地受理、就地审理、调解优先、调判结合、审执一条龙，案结事了的原则，为当事人提供服务。旅游诉讼服务中心与各法院立案庭合并办公，旅游诉讼服务中心的功能主要是为游客提供法律咨询和法律服务。对旅游纠纷采用 110 联动方式受理，对事实清楚、责任明确、标的额不大的案件一律适用简易程序和速立、速裁、速执方式进行，就地立案、现场办案、当庭裁决、立即执行。另外，福建省武夷山法院于 1998 年设立的武夷山景区法庭，审理各类民事案件，他们还针对游客在武夷山停留时间有限的实际，开通了无假日、24 小时立案绿色通道，并对涉旅案件“三优先”（优先立案、优先送达、优先开庭）。河南省登封市人民法院在 2004 年筹建了“五一”黄金周假日巡回法庭，在少林寺、中岳庙等热点旅游景区设立巡回法庭，现场接受游客的相关法律咨询，受理消费争议及侵权案件，对案件一般适用简易程序，快立、快审、快调、快结。全国还有其他一些地方也进行了类似于河南登封市人民法院的做法，进行了假日旅游法庭、假日景区法庭的试点。

海南、福建、河南这三种模式存在一定的区别，海南的旅游巡回法庭和武夷山景区法庭都属于常设法庭，河南省登封市人民法院及全国其他一些地方的假日巡回法庭属于临时法庭，海南的旅游巡回法庭和全国一些地方的假日巡回法庭都是专门受理旅游纠纷案件，武夷山景区法庭则是既受理旅游纠纷案件也受理其他民事案件，但在审理程序上对旅游纠纷都是适用简易程序进行审理。

从发挥诉讼在解决旅游争议方面的作用来看，各地进行的试点有效地克服了诉讼在解决小额旅游消费争议方面的不足，值得推广。我国各省的高级人民法院可以根据本省实际决定采用其中的某种模式，但应当注意不能违反民事诉讼法的相关规定。

（二）建立消费者协会调解与仲裁的有效衔接机制

仲裁虽然是一种重要的民事纠纷解决机制，但在我国，其在化解消费争议方面一直没有太大的作为，公众对仲裁制度缺乏了解是一个最主要的原因。消协调解则因为在其主持下达成的调解协议没有强制执行力而未能在解决消费争议方面发挥很好的作用。为了更好地发挥消协调解和仲裁在解决消费争议方面的作用，经过中消协和各地方消协的努力，在与各地仲裁委员会协商后，我国已经在河北、浙江、辽宁、山东、河南等地进行了消费仲裁的试点，由仲裁委员会在消费者协会内部设立不具备法人资格的分支机构，专门受理消费纠纷，该分支机构的仲裁员大多由消费者协会的工作人员担任，在业务上接受消协领导，法律地位上独立于消协。消费者将争议提交消费者协会后，先由消协调解，调解不成，经双方同意进入仲裁，仲裁裁决具有法律执行力，这样就大大节约了当事人解决争议的成本，实现了消协调解与仲裁的有效对接，使各自的优势得以充分发挥。为了更好地发挥消协和仲裁在解决旅游纠纷方面的作用，改变我国旅游争议主要依靠旅游投诉解决的现状，旅游主管部门应加强与消协和仲裁机构的沟通与合作，促进消费仲裁的发展。

（三）推动不同地区联动处理旅游投诉机制建设

按照《旅游投诉处理办法》的规定，旅游投诉原则上由旅游合同签订地或者被投诉人所在地县级以上地方旅游投诉处理机构管辖，但是对于一些比较复杂的旅游投诉，单靠一地的旅游投诉处理机构往往难以取得好的效果，不同地区旅游投诉处理机构的合作则是解决这一问题的较好选择。上世纪90年代初期，以珠江三角洲地区的旅游互动为伊始，长江三角洲、华北地区、北方十省市、沿黄河省市、环渤海地区等紧随其后，区域旅游合作热在全国迅速蔓延。区域旅游合作不仅促进了区域旅游结构的优化，而且推动了不同地区联动处理旅游纠纷机制的建设。为健全旅游投诉制度，保障旅游者的合法权益，江浙沪建立了旅游联合执法体系，自2003年开始，两省一市联合开展了“曙光行动”，实行长三角地区旅游市场整治联动、旅游投诉处理机制联动、交叉旅游执法联动。类似的做法还有很多，国家旅游局应在及时总结各地旅游投诉处理联动机制方面的成功经验，加快推动全国范围的旅游投诉处理联动机制的建立。

由于游客投诉随时都可能发生，还应制定有效措施，确保旅游投诉24小时值班落到实处。应制定科学合理的奖惩机制，以充分调动旅游投诉处理机构及其工作人员的工作积极性，使旅游投诉处理机构真正的发挥作用。

【小资料】

武夷山阿里山携手旅游维权　深圳香港衡阳签署旅游维权合作协议

2008年5月，我国台湾省消费者协会与武夷山市消费者委员会（简称“消委会”）正式签订《武夷山、阿里山旅游区消费者权益保护协作互助议定书》，率先建立两岸观光旅游消费者权益保护协作互助机制，首次携手旅游维权。根据议定，消费者在任何一地旅游观光，出现购买商品或接受服务的消费纠纷时，可选择向消费纠纷所在地或居住地的消费维权机构进行投诉，按照“谁受理、谁转办、谁反馈”，实行消费纠纷异地处理，拓宽服务网络覆盖面。

2008年7月18日，深圳、香港、衡阳三地消委会在南岳衡山签署旅游消费维权合作协议，约定合作期限3年。3年来，三地消委会在合作处理跨区域消费纠纷、维权资源信息共享等方面取得了一定成效，如三地消委会联合发布旅游消费提示、深圳市消委会协助衡阳市消委会处理多宗涉及深圳企业的重大、疑难消费投诉等等。经三地消委会协商，一致同意续签合作协议，进一步健全完善三地消费维权合作机制，推动“9+2”泛珠三角区域合作向纵深发展。

（四）建立和完善旅游投诉公示制度

所谓“旅游投诉公示制度”，是指定期将被投诉旅游经营者的信息向社会公众公开的一种制度。这种制度主要有两方面的作用：一是，它给旅游消费者增加了一个了解旅游经营者信息的渠道，提高了对旅游经营者不法侵害行为的认识水平；二是，它可以对旅游经营者的活动起到监督作用，促使其自觉合法经营。目前，在我国仅有重庆等个别地方初步建立了旅游投诉公示制度。

三、加强对旅游消费者权益保护的执法

（一）拓宽与完善执法渠道，加强行政沟通与行政协调

由于旅游业是一个综合性的行业，要加大旅游执法力度，就必须不断拓宽执法渠道。一方面，我们要加强对旅游从业人员的监督管理，提高旅游消费者对旅游业进行监督的积极性，充分发挥日常执法手段的作用；另一方面，我们还要注重执法机制上的创新。从目前行政管理体制改革的方向来看，综合行政执法或集中行政处罚权是未来探索和发展的一个方向。今后，各地旅游管理部门必须重视各行政管理部门之间的沟通与协调，最终探索出适合本地实际的旅游综合执法模式。

（二）多渠道筹集旅游执法经费

执法经费确实是困扰我国旅游执法的一大难题。要防止“巧妇难为无米之炊”的现象发生，旅游执法部门就必须多渠道筹集旅游执法经费。比如，国家应尽快将各省、自治区、直辖市及各省会城市的旅游质监所纳入行政编制，由财政核发人头经费、办公经费、办案经费，并将旅行社质量保证金产生的利息作为办案经费的补充，切实保障旅游质量监督执法。

四、提高旅游消费者维权意识

旅游消费者是旅游消费的主体，要保护其合法权益，就必须提高旅游

消费者自身的法律保护意识。消费者协会、旅游行业协会应以消费知识、法律知识讲座的形式，提高人们对于消费和法律的认识，提高其自觉维权意识。

（一）向旅游消费者普及《消费者权益保护法》等相关法律是基础

普及《消费者权益保护法》（以下简称《消法》），要做到家喻户晓、人人皆知，要采取多种形式在全社会掀起知《消法》、用《消法》的热潮，培育消费者维权意识。各级政府应把普及《消法》列入旅游行政管理部门政绩考核，并把《消法》大量印制成小册子供各旅游城市、旅游景区游客中心免费取阅或赠送，组团旅行社或旅游发起团体应组织游客积极学习《消法》。旅游学校应把《消法》列为学生必修课目，开展《消法》知识竞赛或讲座。旅游城市或旅游景区所在地电视台每周应有《消法》案例讲座、每天应有《消法》知识宣传。

（二）公示维权信息是提升旅游消费者维权意识的手段

旅游行政管理部门应在旅游景区或城市游客中心、旅游集散地、旅游购物场所、娱乐场所等地设置假冒劣商品展示台和警示牌，在旅游出入口处合适位置张贴公布国家质检抽检信息，在报刊电台刊播国家质检抽检结论。制作"消费投诉指南"，告知"消费者权利、纠纷解决途径、权利有效期、投诉电话"，并提醒消费者索取凭证。在旅游商家商品的说明书上附带告知消费者维权方式和电话。在大型旅游商场、超市和集市设立消费维权监督台和投诉电话。

（三）发挥新闻媒体舆论导向作用是营造旅游消费者维权意识的有效方法

旅游消费者的受害行为除按《消法》规定的途径解决外，还可借助新闻媒体舆论监督导向作用，让新闻媒体披露经营者侵权行为真相和消费者受害事实，扩大社会影响力，一方面让社会各界关注旅游维权问题，关爱和帮助处于信息弱势方的旅游消费者，另一方面让受害旅游消费者感受到媒体的支持。有关新闻媒体为旅游消费者讨公道、讨说法的作为将有力地帮助和拉动旅游消费者参与自身合法权益的维护。

（四）着力解决消费纠纷是提升旅游消费者维权意识的保障

旅游执法部门必须积极受理、着力解决每一件旅游消费纠纷，让消费者真正感受到投诉有门、投诉有果。消费者协会应尽全力解决有争议的质量纠纷投诉案，在不影响商品原状的情况下，旅游者要求经营者调换的，消协会应帮助其调换；旅游者不愿调换的，消协会应帮助其退货。若确定存在质量问题，消协会应转有关部门依法查处。消协和各监督站对旅游者投诉的每项一件案件都要认真对待和落实。对确因投诉的事实超越了法律和事理的，消协人员应多做解释工作，避免态度粗暴、方法简单，挫伤旅游者的投诉热情。

第四节　旅游消费教育

以消费的自知、自立、自觉等为主要特征的成熟消费者，是推动商品经济良性发展不可或缺的因素。消费者越成熟，对各个行业的产品与服务的质量要求就越高，对各个行业健康发展的促进作用也就越大，消费者的成熟离不开消费教育，特别是来自于社会的消费教育，比如学校对中学生、大学生的旅游消费课程教育，旅游培训机构对社区居民出游前的教育培训，旅游城市或景区对游客的针对行消费引导等。《2013 中国旅游业发展报告》称，2012 年中国出境旅游持续高位增长，出境游人次比上年增长 18. 4%；2012 年中国成为世界第一大出境旅游消费国，出境游消费达 1 020 亿美元，约占全球出境游消费 9. 5%，当时已超过德国和美国。2020 年中国将成为世界第四大旅游客源国，可以说，我国居民的旅游消费教育问题关系到全国乃至全球旅游经济的发展，应引起足够重视。

在当前我国旅游活动中，时常有旅游者因不顾及社会公共秩序和社会公德，无视当地风俗习惯、文化传统和宗教信仰而引发摩擦和矛盾，甚至有个别旅游者在名胜古迹、文物上刻画、涂污。其实，不文明旅游行为的广泛存在，既跟旅游活动自身的某些特性有关，又跟现阶段我国旅游消费者的素质普遍较低而旅游消费教育又长期滞后有关。中国消费者协会将2013年消费维权主题确定为“让消费者更有力量”，以塑造出“有尊严、有涵养、有活力”的文明健康旅游者形象。

一、居民旅游消费教育的含义与基本内容

根据国内学者的相关研究，消费教育的内涵可以从狭义和广义两个层面予以界定。狭义的消费教育也称为消费者教育，是指对消费者所进行的一种有目的、有计划、有组织地传授有关消费知识和技能，培养科学的消费观念，提高消费者自身素质的一种社会活动。广义的消费教育是对消费者和生产经营者传授有关知识和技能，培养正确的消费和生产经营观念，提高消费者和生产者自身素质的活动。基于人们对消费教育本身两个层面的认识，从逻辑上讲，旅游消费教育也有狭义和广义之分。狭义层面的旅游消费教育就是旅游消费者教育，是指对旅游消费者所进行的一种有目的、有计划、有组织地传授有关旅游消费知识和技能、培养科学的旅游消费观念、提高旅游消费者自身素质的一种社会活动。显然，这里研究的居民旅游消费教育属于上述狭义的旅游消费教育，是针对一个国家或地区的居民（现实的和潜在的旅游消费者）所进行的旅游消费教育。那么，针对居民的旅游消费教育应该包括哪些具体内容呢？尽管在不同时期以及在不同的国家或地区，这个问题的答案并不完全相同。但是，从世界各国旅游者消费过程中出现的问题、旅游者消费行为的一般模式和旅游消费教育的根本目标等因素考虑，一个国家或地区的居民旅游消费教育的基本内容应当包括旅游消费环境教育、作为旅游者的基本素质教育、旅游消费的态度与观念教育、旅游消费知识教育、旅游消费技能教育、旅游消费行为教育、旅游消费感受与体验教育、旅游消费权益与保护教育等。从上述内容之间的关系来看，旅游消费教育大致上可以分为三个层面：处于基础层面的是居民旅游消费的环境、素质、态度、观念和权益与保护教育等；处于中间层面的是居民旅游消费的知识、技能和行为教育等；处于顶层的是居民旅游消费的感受、体验、评价等方面的教育。

二、我国居民旅游消费教育亟待加强的原因

一方面，尽管当前旅游消费者出游消费日趋理性，旅游经营与管理日趋规范，但部分消费者仍一味“求低廉”，货比三家其实比的是哪家旅行社报出的价格最低而不是服务更规范；另一方面，旅行社的经营上更多的是考虑如何营销旅游产品让游客购买与顺利完成旅游活动，很少考虑对本地出游居民和外地来访游客进行游前消费教育。因此，旅游管理部门、旅游经营者、大中学教育单位以及社会旅游培训与教育机构等，应各自分担对在校学生、社区居民、(潜在) 游客、社会公众进行旅游消费教育或培训、这是健康发展我国旅游业、促进和谐旅游、提升旅游形象、更快满足居民日益增长的外出旅游需求的需要。

(一) 加强消费教育是更加有效地保护居民旅游消费合法权益的需要

充分有效地保护居民的旅游消费的合法权益是一个国家或地区旅游业持续健康发展的必要条件，也是中央和地方政府的职责所在。从实际情况来看，目前我国居民的旅游消费环境还很不理想，旅游消费陷阱遍布旅游消费的“食、住、行、游、购、娱”各个环节，令人防不胜防，侵犯旅游者合法权益的事件频频发生且增势迅猛。有关统计资料显示，2012 年全国各级旅游质监执法机构受理旅游投诉 11 875 件，同比上升 7.36% 。在我国现阶段，要切实有效地保护居民旅游消费过程中的合法权益，除了要加快完善和切实执行旅游法律法规外，还必须要加强居民的旅游消费教育。这是因为：① 即使有完善的旅游法律法规体系，居民都有一个对它的具体内容进行学习和理解的过程，而目前我国居民对现有的一些旅游管理法规如《旅行社管理条例》《旅行社管理条例实施细则》《导游人员管理条例》《导游服务质量标准》《旅行社国内旅游服务质量要求》《旅游投诉暂行规定》等都还了解较少，主动自觉地利用这些法律武器保护自己权益的意识较弱，这就使得相当一部分旅游者在合法权益受到损害时，要么不知道自己的合法权益已经受损，要么不知如何让自己的合法权益受到保护。旅游者思想上的无知、行动上的软弱，在一定程度上增强了不法旅游

经营者的胆盘，同时也加重了他们对旅游者合法权益的损害。② 旅游活动的综合性、旅游产品的独特性、旅游消费的心理感受性等特点，使旅游消费者合法权益的法律保护实施更为困难，单纯运用法律武器保护游客合法权益的实际效果也会受到影响。③ 许多国内居民的旅游合法权益受损，是由于自身缺乏必要的旅游消费知识、技能或经验造成的。例如，许多到新加坡、马来西亚和泰国旅游的国内旅游者，往往会因为购买各种金银珠宝首饰而上当受骗，这与他们不懂英语、对珠宝首饰的相关知识匮乏、盲目崇外、贪图便宜等心理有关。

（二）加强消费教育是优化居民旅游消费行为、弱化旅游消费负作用的需要

旅游给目的地的国家或地区带来什么样的影响，与游客本身进行了什么样的旅游消费行为有密切的联系。然而，当前我国居民在旅游消费过程中存在很多不合理、不健康甚至是畸形的旅游消费行为，例如随大流赶热点的盲目旅游消费行为、胡涂乱画的破坏性旅游消费行为、奢侈浪费的炫耀攀比性旅游消费行为、求神算命的迷信性旅游消费行为、滥吃野物的非生态旅游消费行为、赌博嫖娼等不道德旅游消费行为等。这些非理性的旅游消费行为客观上造成了一系列的消极后果：旅游景区景点过度拥挤、生态环境和旅游资源的破坏损耗、对目的地社区的不良社会影响和在出境旅游中造成的国民旅游消费形象不佳等等。造成我国居民的众多非理性旅游消费行为的重要原因之一，是对旅游消费的认知偏差。显然，必须加强对我国居民的旅游消费教育，消除人们对旅游消费的认识偏差，才能有效地优化旅游消费行为并降低这种旅游消费行为所导致的负面影响。

【小资料】

港澳旅游券　警惕消费陷阱

随着2013年底购物季的到来，我国港澳地区又将迎来全年的出游高峰。不过，有记者了解到，零负团费在近期又有所“抬头”。日前，国家旅游局发布服务警示，称目前市场上存在大量的冒充旅行社名义制作的旅游券，消费者要警惕前往港澳地区的旅游券陷阱。

王先生是某保险公司的客户，临近岁末，该保险公司为回馈老顾客，赠送王先生一张“4天3夜港澳游”旅游券。该旅游券上赫然写着，“持

本券自行到达深圳跟团每人收220元（导游小费和口岸费），全程再无任何费用。”到达深圳后，王先生隐约感觉自己上当了，但已到深圳，只好硬着头皮跟着走。最终在导游的威胁下，被强迫购买了3 000元以上的商品。行程结束后，王先生向旅游质监执法机构投诉，经调查，该旅游券的发行方根本不具备旅游经营资质，其无偿向保险公司提供旅游券，保险公司以此为噱头作为礼品赠送给消费者，是一起无资质经营且严重扰乱市场秩序的违法行为。

“旅游券是近三四年才出现的，基本上和街边散发小广告的黑一日游是一个道理。”一位不愿透露姓名的业内人士告诉某记者，街边一日游小广告上也是印着中青旅、国旅总社的字样，但是背后是连旅游经营资质都没有的“小作坊”。旅游券基本上是做的外地旅游产品，为了得到客源，经常会和大卖场、保险公司、团购网站合作，“这些企业手上有大把的客源，他们将客源带给旅行社，旅行社则按人头分给公司回扣。”国家旅游局某负责人表示，基本上每个人返回10～50元不等。剩下的事情，不用说就可以想象。消费者参加了这样的“零负团”，带团的导游自然要把团费通过购物的手段挣回来，如果消费者不愿意，就只能强制购物。“虽然《旅游法》正式实施，但是对于这样的零负团还是无法打上板子。”该负责人表示，《旅游法》的实施是对旅行社的约束，那些连“注册”都没有注册的“黑旅行社”不在《旅游法》的“监管”范围内，即使“打板子”也打不到黑旅行社身上。

因此，国家旅游局提醒旅游消费者：①《旅游法》规定，设立旅行社，应当取得旅游主管部门的许可，依法办理工商登记。同时规定，旅行社不得以不合理的低价组织旅游活动，诱骗旅游者，并通过安排购物或者另行付费旅游项目获取回扣等不正当利益。② 天下没有免费的旅游券。所谓的“赠送”、“免费”，都是以付出更多的金钱和精力为代价的，甚至还会带来身心伤害，请广大旅游者务必谨慎选择。如需执券旅游，请向当地旅游部门核实旅游券发行方的资质，切勿盲目出行。③ 旅游者购买旅游产品，应当与旅游经营者订立旅游合同，明确双方的权利义务。如旅游经营者强迫旅游者签订购物协议或有强制交易行为时，旅游者应当机立断予以拒绝。

资料来源：《港澳旅游券　警惕消费陷阱》，《法制晚报（北京）》，2013－

11－26，网易财经 http://money.163.com/13/1126/13/9EK479G200253BOH.html.

（三）加强消费教育是提高旅游企业经营管理水平和培育竞争优势的需要

我国加入 WTO 以来，经过一段时间的组织重构，我国旅游企业小、散、弱、差的状况有了一定的改观，但整体的经营管理水平仍然有待提高，特别表现为竞争内容与手段的单调落后，削价竞争继续成为我国旅游市场竞争的主旋律。在这种情况下，强调加强旅游消费教育对于提高我国旅游企业经营管理水平、丰富市场竞争手段和培育竞争优势有着重要的现实意义。因为在现代市场经济中，包括旅游企业在内的任何企业，它们既是消费教育的对象，同时也是消费教育的实施者。企业实施消费教育，有利于提高其经营战略制定的科学性，有利于企业培养自己的消费群体，有利于为企业经营创造更大市场，有利于促进企业不断提高产品、服务质量和内部的经营管理水平，其最终的结果是构建企业的成本优势、顾客优势形象优势等市场竞争优势。

（四）加强消费教育是推动和实现我国旅游产业转型升级的需要

《2012 年中国经济社会发展统计公报》显示，2012 年我国全国接待入境旅游人数达 1.32 亿人次，国内出境人数达 8 318 万人次（其中因私出境 7 706 万人次），国内旅游出游达 29.6 亿人次，全年旅游总收入达到 2.57 万亿元（其中旅游外汇收人达 500 亿美元）。这组数据说明，从总量规模看，我国已经成为了世界旅游大国。然而，我国还不是世界旅游强国，因为根据世界旅游理事会的预测，到 2020 年，即便中国成为世界旅游组织所说的第一大旅游目的地国，中国旅游业的总体发展水平也只是接近世界平均水平（届时中国旅游总产出将占国内生产总值的 8.64%，旅游消费将占总消费的 6.79%，旅游投资将占投资总额的 8.61%）。显然，要想从旅游大国变成旅游强国，我国的旅游产业必须尽快实现转型升级，包括产业功能、产业发展模式、产业增长方式、产业组织结构、产业空间方式等方面的转变和提升。但是我国旅游产业转型的基础是旅游消费需求的转型，特别是国内居民旅游消费需求结构和消费方式的转变。我们认为，在影响国内居民旅游消费需求结构和消费方式的诸多因素中，除可支配收入、闲暇时间等客观因素外，居民旅游消费的习惯、偏好等主观因素的影响也相当大。因此，只有加强旅游消费教育，才能更加有效地转变目前旅游消费方式和结构不合理的现状，才能加速我国旅游产业转型和升级。

（五）加强消费教育是进一步扩大国内需求，促进国民经济增长的需要

当前，我国经济能够持续快速增长的一个重要基础因素是需求特别是国内需求的不断扩大，而在我国扩大内需的种种途径中，旅游消费扮演着相当重要的角色。正如我国经济学家尹世杰撰文中说的那样，“前几年还有人怀疑，旅游能不能成为消费热点？市场需求量、市场潜力大不大？事实证明，这种怀疑是不必要的。”尽管 2012 年我国国内旅游已经达到了 29 亿人次，但是考虑到我国庞大的人口总量和比重很高的农村居民，国内居民的旅游消费潜力还相当大。因此，加强旅游消费教育，特别是加强对日益富裕的农村居民的旅游消费教育，改变其消费观念、习惯和对旅游消费的态度，鼓励旅游消费，将非常有利于进一步扩大内需和促进我国经济的持续增长。

三、加强我国居民旅游消费教育的对策

居民旅游消费教育是消费者教育的重要组成部分，是一项带有战略性的长期任务，也是需要全社会动员的一个系统工程。现阶段，加强我国居民旅游消费教育，需要重点做好以下工作。

（一）强化各级政府在居民旅游消费教育中的支持和引导作用

消费教育是一种人人都需要的公共产品，所以政府在消费教育的推

广、普及中理应发挥重要作用。特别是在我国市场经济还不十分完善的情况下，政府作为经济运行的宏观调控者，有责任管理消费教育的问题。虽然在过去的30多年中，我国政府运用政策倾斜、财政投资、部门与地方协作等各种行政手段，充分发挥了主导作用，成功地启动了入境旅游与国内旅游市场，并初步启动了出境旅游市场，使中国迅速成为世界旅游大国，但在居民旅游消费教育方面，我国政府发挥的作用并不十分显著，甚至各级旅游行政管理部门的相关职责中大都没有明确提出支持和引导旅游消费教育。因此，加强我国居民旅游消费教育，首先要进一步发挥各级政府的支持和引导作用。例如，政府要出台有利于包括居民旅游消费教育在内的消费者教育发展的政策和法规措施；工商、税务、质检、海关以及司法部门要通过切实执行相关的政策法规来支持和规范居民旅游消费教育；政府要在消费者协会筹建消费教育学校、非商业性风景名胜区建立游客教育中心、高校或科研机构进行旅游消费者教育理论研究等方面给予必要的资金支持。

（二）构建以非营利性组织为主干，广泛参与，手段多样的居民旅游消费教育网络体系

就消费者教育而言，政府、企业和非营利性组织这三大社会部门发挥的重要作用各有利弊，但非营利性组织因为范围广且具有独立性、公益性、自愿性等特征，能够消费教育中发挥更大、更广泛的作用。因此，我国居民旅游消费教育应当形成以非营利性组织为主干，政府、企业广泛参与的组织体系，要充分发挥学校、消费者协会、报社电台、游客俱乐部等旅游民间团体、居民委员会在居民旅游消费教育中的积极作用。在各类非营利性组织中，消费者协会应当肩负起居民旅游消费教育的组织与协调任务。同时，在实施居民旅游消费教育的过程中，各个参与主体都应当充分利用报纸杂志、板报等传统信息传播手段和广播、电视、手机、网络等现代信息传播技术，使居民旅游消费教育手段多种多样。特别值得一提的是，由于利用互联网进行消费教育具有受众更多、灵活互动、形象直观、资料丰富等特点，互联网已经成为开展消费教育的非常有效的新平台。所以，随着我国网络技术的发展和“网民”的急剧增加，不断探索利用这种手段进行居民旅游消费教育的新方式。

（三）明确居民旅游消费教育的核心，制定并实施居民旅游消费教育的长期规划

成立专门机构，制定和实施长期规划，是日本、马来西亚、美国等国家的消费教育在20世纪60年代以来得到快速发展的重要原因。例如，日本在20世纪60年代，就在全国各地设置了“消费者生活中心”，专管消费教育，并将“保护消费者”的内容引入学校教育之中。到90年代初，日本明文规定：小学、中学、大学分别从1993、1994和1995年开始，全面实施消费教育。与上述这些国家相比，我国的消费教育事业发展较晚，直到1998年，我国消费者协会才通过了关于开展国民消费教育的方案。由于当时我国尚未实行“黄金周”节假日制度，旅游消费教育问题还不是十分突出，也没有得到足够的重视，当然也就没有一个长期的规划。所以，在旅游消费规模日益扩大的今天，要加强我国居民旅游消费教育，必须在国民消费教育方案的指导下，制定和实施专门的旅游消费教育长期规划。但是，制定和实施旅游消费教育长期规划，必须首先确立居民旅游消费教育的核心，如此才能将纷繁复杂的居民旅游消费教育的内容系统化，才能在规划中有重点地采取相应的措施。在我国，将可持续旅游消费和旅游者权益保护确定为居民旅游消费教育的核心，能够更有利于居民旅游消费教育整体目标的实现。

（四）将居民旅游消费教育纳入旅游企业及其产品与服务等级评定范畴

旅游企业既是旅游消费教育的对象，同时也是居民旅游消费教育的实施主体。但是，对于任何一个具体的旅游企业，在居民旅游消费教育过程中，都存在着“搭便车”的心理与可能，所以如何调动各类旅游企业的积极性，成为加强我国居民旅游消费教育需要考虑解决的问题。鉴于我国现行的旅游业标准体系表是开放式的，可以根据需要及时修改和补充，一个较为可行的办法是，将居民旅游消费教育的实行情况纳入该表所包含的旅游企业及其产品与服务质量等级评定范畴。一旦在我国的旅游饭店和旅游

公寓的星级评定、内河游船和海上游轮的星级评定、旅游区（点）质量等级评定、旅行杜资质等级评定中明确出现了居民旅游消费教育的设施和内容等方面的要求，相信各类旅游企业进行居民旅游消费教育的积极性就会大大提高。

【思考题】

一、名词解释

1. 旅游消费者
2. 旅游消费者权益
3. 旅游立法
4. 旅游纠纷
5. 旅游投诉混合制
6. 旅游维权
7. 旅游教育

二、简述题

1. 简述旅游消费者权益的特征。
2. 简述我国旅游消费者权益保护存在的不足。
3. 简述旅游消费者权益受损的主要表现。
4. 简述旅游消费教育的基本内容。
5. 简述加强我国居民旅游消费教育的措施。

三、案例分析

旅游维权，矛盾纠“结”如何解？

赵先生今年刚退休，和老伴想去欧洲看看，比较了几家旅行社，选了家报价最便宜的参了团。旅程中途经某国时，旅游车辆出现了故障。由于缺乏行前信息沟通和安全指导，赵先生及该团部分游客有些慌乱，和导游发生了争执，要求组团社进行赔偿并拒绝换乘车辆。僵持阶段，组团社提出了转乘大巴或换乘火车等补救方案，都因游客要求过高未能达成一致，游客遂坚持滞留酒店，致使酒店报警后被当地警察强行清理出去，后经我驻外使领馆沟通协调才平息了矛盾。

分析（国家旅游局监管司负责人）：旅游出行务必要理性，遭遇旅行社不合理待遇时，一不要忍气吞声，二不能冲动过度，要注意留存证据，通过法律渠道解决。出行前，组团社应当认真开好行前说明会，向旅游者介绍旅游目的地国家的相关法律、风俗习惯以及领事保护内容，做好安全和应急预案，减少组团的盲目性。旅游者应当遵守旅游目的地国家的法律，尊重当地的风俗习惯。此案中，旅游者法律意识欠缺，不知道强行滞留酒店是违反旅游目的地国法律的行为，以向旅行社和导游施压的方式盲目维权，激化了矛盾。旅游者在旅途中遇到服务质量问题，可在完成行程后向相关投诉处理机构投诉。

资料来源：第一旅游网 www.toptour.cn,2013-03-14.

四、问答题

1. 结合自身实际谈谈，旅游消费者权益受损主要体现在哪些方面。

2. 你认为当前我国国内游客的旅游消费观念及维权意识如何，又该如何加强对其旅游消费观念及维权意识的教育？

3.《旅游法》对消费者权益保护及消费育的意义及有效性如何？

4. 政府应如何协调旅游管理者、旅游经营者、游客及社区之间的权益，非盈利性组织如各级各类旅游协会从中应发挥什么作用？

【本章推荐阅读书目】

[1] 宁士敏. 中国旅游消费研究 [M]. 北京：北京大学出版社，2003.

[2] 杜炜. 旅游消费行为学 [M]. 天津：南开大学出版社，2009.

【本章主要参考文献】

[1] 周小丽，陈银江. 武夷山阿里山携手旅游维权 [N]. 福建日报，2009-04-08(7).

[2] 肖健. 深圳 香港 衡阳签署旅游维权合作协议 [N]. 深圳商报，2011-10-12(5).

[3] 王小润，等. 旅游维权，矛盾纠“结”如何解？[N]. 光明日报，2013-03-14(15).

[4] 邢凯岭. 试论旅游消费者权益的保护 [J]. 现代商业，2010 (35)：78-79.

[5] 阮友利. 论旅游消费者权益保护 [J]. 河北旅游职业学院学报，2012 (17)：16-20.

[6] 徐冰. 论旅游业发展中旅游消费者权益保护 [J]. 中国商贸，2011 (25)：185-186.

第八章　旅游消费的调控与引导

【本章概要】

本章着重阐述了旅游消费调控与引导的重要性、旅游消费调控与引导的基本原则、旅游调控与引导的具体途径、方法和最终目标。

【学习目标】

- 了解调控和引导的具体定义、内涵与功能。
- 了解中国旅游消费调控与引导的重要性。
- 掌握调控与引导旅游消费的基本原则。
- 熟知旅游消费的最终目标。
- 理解调控和引导旅游消费的途径和方法。

【关键性术语】

旅游；旅游消费；调控；引导；可持续发展；导向；良性循环；示范效应；热点；市场目标；供需平衡；计划手段；市场调节；消费政策

【章首案例】

我国鼓励民间资本投资旅游业开发景区

本报北京7月2日电（记者 赵珊）　记者今天从国家旅游局获悉：我国旅游业将向民间资本全方位开放，鼓励民间资本进入景区开发、旅游装备制造、旅游公共服务等在内的旅游服务业链条。

国家旅游局出台的《关于鼓励和引导民间资本投资旅游业的实施意见》（简称《实施意见》）鼓励民间资本依法采取多种形式合理开发、可持续利用各类地质、森林、风景名胜、水利、文物、城市公园、科教、工农业、湿地、海岛、海洋等旅游资源以及其他具有旅游利用价值的各种物质和非物质资源。支持和引导民间资本加大对中西部地区、贫困地区、少数民族地区和革命老区等区域特色旅游资源的开发力度。

鼓励民间资本因地制宜地发展生态旅游、森林旅游、商务旅游、体育旅游、工业旅游、医疗健康旅游、邮轮游艇旅游等旅游产品，合理开发农家乐、休闲农庄等乡村旅游产品，引导民间资本参与城市周边休闲度假带建设，积极发展休闲度假旅游。向民间资本全面开放旅游购物餐饮娱乐等服务领域。

支持民间资本兴办旅行社等旅行服务业。消除制约跨区经营的操作性障碍，推动大型旅行社集团化，中型旅行社专业化，小型旅行社网络化。支持民间资本生产具有自主知识产权的休闲、登山、滑雪、潜水、露营、探险、高尔夫等各类户外活动用品及宾馆饭店专用产品。

《实施意见》还鼓励民间资本投资旅游房车、邮轮游艇、景区索道、游乐设施和数字导览设施等旅游装备制造。

资料来源:《旅游业向民间资本全方位开放》,《人民日报海外版》(北京),2012-07-03.

对旅游消费进行调控与引导，是党和政府对整个国民经济进行调控和引导的一个极其重要的方面，是促进旅游消费合理化、提高消费质量的重要条件。为什么对旅游消费进行调控与引导，对旅游消费进行调控和引导的必要性是什么？调控与引导旅游消费的基本原则有哪些？通过哪些手段对旅游消费进行调控和引导？对旅游消费进行调控的最终目的是什么？这些是本章所要讨论的主要问题。

第一节　旅游消费调控和引导的重要性

一、对旅游消费进行调控的重要性

旅游消费领域的矛盾说明了消费调控的必要性。不仅如此，由于旅游消费行为在社会经济活动中的作用和地位，比我们通常所理解的旅游消费在社会再生产中的作用和地位重要得多，也广泛得多。因此，对旅游消费行为的调控尤为必要。

（一）有利于国民经济的良性循环

旅游消费需求行为对国民经济健康发展中起至关重要的作用。当旅游消费需求旺盛时期，由旅游需求行为带动市场经济增长，同时，社会经济也“高速增长”。但这里有虚假成分，因为它超过了实际供给和社会经济承受力，繁荣注定不可能长久，走向萧条也势在必然。这时给产业结构的调整带来困难，因为各产业都有利可图，各经济主体投资热情高就，资产增量的迅速扩张代替了资产存量的合理调整。而就我国情况而言，资产存量的调整对产业结构的合理化是起决定作用的。而在旅游消费需求过度收缩时，除少数弹性较小的旅游商品的销量不发生变化之外，基本上都会有销量减少的现象。

旅游业的快速发展，各种形式的旅游产品投放市场，这一方面刺激了消费者消费，一方面又让消费者在花样繁多的消费产品中迷失方向，导致一些错误的消费观念。同时，引导与控制的不到位，很多开发商对旅游产业的开发存在误区，如某些景区存在不合法的经营项目，可能会误导消费者。无论是企业还是消费者的这种行为，都需要政府在政策上予以引导，在行为上予以法律规范，从而起到控制的作用。

（二）有利于为旅游企业经营提供一个合理的导向和环境

旅游企业是国民经济的一部分，为社会提供生各种各样的旅游产品资料。就旅游消费的产品设计和定位而言，自然要以消费者需求为导向，以旅游消费行为为准则。旅游企业的劳动成果要得到实现，必须具有社会有用性，设计出来的产品必须符合社会需要，对买者有使用价值，能满足他们的需要，而且要与其规模、可观看性和结构相适应。这里并不是指国家（政府）、企业和其他组织对旅游消费实行完全市场经济、一味迎合消费者。不合理的消费行为不仅对消费者不利，而且也对旅游企业的经营不利。旅游产品的独特性、环境的天然特征、气候的特点、生态的脆弱性等等，都说明对旅游企业加以宏观调控正是为了给旅游业提供一个既能带来经济效益又能产生巨大社会消费的方向，为它创造一个有利的外部环境，还能保持环境的可持续乃至经济的可持续。

（三）有利于建立有秩序、诚信、透明公开的市场

建立有秩序、诚信、透明公开的市场经济秩序是改善投资环境、维护社会稳定、让人民群众有一个正常的生活秩序的重要保证。规范有秩序、诚信、透明公开的市场经济秩序，是建立和完善社会主义旅游市场经济体制的重大举措。社会主义市场经济是公平的竞争经济，也是一种法治经济，还是一种信用经济。

规范市场有秩序、诚信、透明公开的市场经济秩序，也是全面推进社会进步的内在要求。实现社会主义市场经济体制，必须建立相应的社会主义精神文明、道德规范和行为准则，旅游经济秩序混乱，不仅破坏生产力发展，而且毒化社会风气，旅游产业本是在提升国民经济发展的同时，还能够提高国民素质、文化修养、陶冶情操。不良的市场秩序败坏社会公德，滋生消极腐败现象，动摇社会主义理想信念。因此，必须整顿规范好市场经济秩序，以推动社会主义精神文明和民主法制建设。

（四）有利于建立有秩序、诚信、透明公开的市场

第一，完善旅游法制、法规。社会主义旅游市场经济是法制经济、信用经济、公平竞争的经济。法制不健全，信用制度不完善，势必导致失信行为盛行，商业欺诈严重。这严重破坏了旅游市场经济的良性运转，与社会主义旅游市场经济背道而驰，必须依靠完善法制来调整。完善法制的关键一环是完善执法，及时到位地把法律的条文、精神贯彻到经济生活中，把法律的公平正义高效的理念根植于人们的思想意识中，使人们能自觉地依法行事。

第二，充分发挥职能部门的监管作用，提高旅游市场监管执法的权威性和有效性。旅游局担负着维护旅游市场经济秩序的艰巨任务，要严格执法，铁面无私，坚决制止扰乱旅游市场秩序的行为，切实维护广大人民群众的合法权益。要集中力量强化流通领域旅游商品的质量监管，继续严厉打击低俗的旅游项目或商品出现在市场中，整治个别旅游景点、旅游公司

乱收费的行为。保护消费者权益，要标本兼治，加大治本力度，逐步将运动式、突击式、战役式的大检查、大整治变为法定持续的、规范科学的事前、事中和事后有机结合的日常监管；要从完善体制和机制等方面入手，建设一支清正廉洁的执法队伍，保证执法的公正性，确保正常的旅游市场经济秩序的建立。

第三，加大打击力度。近几年来，整顿和规范旅游市场经济秩序的行动从未停止，但至今假冒伪劣商品屡打不绝、抓不胜抓，严重影响旅游经济秩序步入健康有序的轨道。之所以出现这种情况，对破坏市场经济秩序的犯罪行为打击不力是一个重要原因，造成违法分子存在侥幸心理，有恃无恐，胆子越来越大。在这种新形势下，唯有重拳出击，才能打击犯罪分子，使经济秩序走上健康发展轨道。

二、对旅游消费进行引导的必要性

（一）旅游市场消费引导存在的理由

在现代市场经济条件下，随着市场上可供的旅游商品种类的增加，新的旅游景点设计不断涌现，特别是一些不法行为的出现，如某些景点乱收费，导游从中间获取利润等等，都是旅游行业消费领域的弊端。迫切要求消费者增加旅游消费知识，提供防范措施，以应对市场的千变万化。然而，消费者受多种主客观条件制约，无论是知识的增长，还是社会能够提供的防范措施，都不及需要。因此，在完善消费者权益保护体系的同时，有必要注意消费者引导问题。究其缘由，可以归结很多条，如不理性经济消费、愚昧消费、有害消费等，都需要予以引导。笔者则将其归结为一点，便是消费者行为之变异，认为正是变异的出现引致我们重视旅游消费引导问题。

什么是旅游消费者行为之变异？其具体表现有哪些呢？从一般意义上来说，每个自然人都是旅游消费者，而经济学所考察的旅游消费者只能是能够进行统一购买决策的经济人。而旅游消费者行为无非是旅游消费主体进行观光、旅游、度假的过程与表现。正常情况下，消费者行为都是遵循一定的行为规范准则的，如果违背了这些行为规范准则，便称之为旅游消费者行为变异。根据莫迪利安尼的“生命周期说”理论，正常的旅游消费者行为目标总是要追求一生中需要满足的最大化。为了实现这一目标，就必须把自己一生中的收入在旅游消费支出时进行最优分配。其中旅游便是对自己精神补偿和对自己心情放松而获得的是一种精神享受。然而，在我国，旅游消费者行为目标的短期性是十分突出的，而这纯粹是由制度因素造成的（时间的不允许）。由于社会福利保障制度的作用和养儿防老的习惯存在，人们对未来的预期是无风险的。即使是储蓄，也只能是刺激现期消费，助长“今朝有酒今朝醉”之风气。

（二）旅游消费者行为中的“吉芬效应”性

一般来说，旅游消费者的需求是旅游产品价格的反函数。当某些旅游产品达不到消费者进行消费的需求时，由于供求机制的自行调节，会促使短缺消费品的价格上升，这样消费者受常规价格心理影响，就会自发抑制对短缺旅游产品的需求，从而缓解短缺旅游产品的供求缺口，实现旅游产品供求平衡。然而，在我国现行的政策环境中，出现了很强的“吉芬效应”性，即某些旅游产品价格上升，非但未能抑制消费需求，反而引致消费需求膨胀和抢购风潮的多次出现。一些消费者由于对政策预期的紊乱和对政策控制物价能力的怀疑，产生了消费品价格预期的变态心理，价格越涨，消费次数越多。这种现象在当今社会越发突显，可能是人们的攀富心理、人心浮躁需要物质去填补，会发现名牌的吸引力越来越大。

（三）旅游消费者行为中的“示范效应”性

日常生活中，消费者的消费行为不是彼此独立的，而是受到周围环境的影响，受到街坊邻居、亲朋好友同事的消费行为影响。这就是所谓的“示范效应”性。现在有很多旅游消费者不是根据自身的实际需要和经济能力的大小来进行消费，而是攀比他人甚至模仿国外生活方式。造成这种畸形示范效应的原因有很多，如虚荣心理、盲从心理以及“不患寡而患不均”等。

（四）旅游消费者行为中的“热点”集中性

合理的旅游消费者选择应当是多层次的、富有个性特征的，而我国旅游消费者的消费行为则具有相当明显的同步性和消费热点的集中性。群体出游，出游当作奖励，看作经济达到一定水平、生活富裕的象征，但旅游消费者行为热点的集中性，对生态脆弱的景点是非常不利的。造成消费者行为热点集中的最根本原因是我国居民收入的均等化。

（五）旅游消费者行为中的浪费性

我国消费者行为中的浪费现象是相当严重的：一是消费过程中时间浪费太多；二是很多旅游景点的利用率很低，存在着不同程度的闲置状态。因此，加强旅游消费者的学习，掌握必要的旅游产品－各种旅游景点知识，改变不良的消费习惯，进行多层次开发和综合利用，提高消费的综合经济效益和社会效益，的确是十分必要的。

第二节　调控和引导的基本原则

旅游消费是极其错综复杂的，调控与引导消费也是一项极其复杂的工作，应遵循如下一些基本原则。

一、可持续发展原则

持续发展并不是一个简单的环境保护问题，而是从人类的总体社会生活相长远发展的各个方面提出的，因此对应从自然的、社会的、经济的、技术的各个角度分别出发，有关的定义有近百种，归纳起来，即可持续发展是“既满足当代人的需求，又不对后代人满足其自身需求的能为构成危害的发展”。这个定义有三个要点：一是要满足当代人的需求，即无论富国、穷国，富人、穷人，都有生存权和发展权；二是要考虑后人的满足，即达到代际之间的公平；三是要考虑环境和资源的承受限度，换句活说，就是要达到万人之间关系的长远协调，而不能“吃祖宗饭，造子孙孽”。

总体来说，可持续发展要达到人口、环境、资源、技术、制度五个方面的协调和统一。在经济方面，不仅要重视总量增长，还要追求可持续发展，它是旅游消费得到永续满足的基本条件，并改善质量，提高效益，节约资源；在生态方面，要以保护自然为基础，与环境和资源的保护能力相协调；在社会方面，要与社会进步适应，以提高生活质量。现在，不论是发达国家还是发展中国家，都把可持续发展作为国家宏观战略的选择。这是人类破坏大自然惨重代价之后痛定思痛的结果，是社会制度和意识形态之间的共同选择。我们只有一个地球，这个脆弱的地球需要人类的支撑。因此，可持续发展战略不仅是国策，而且是世界之策。

作为世界“朝阳产业”，旅游产业如何实现可持续发展，引起越来越多人的关注。旅游消费是旅游业的一个重要方面。旅游消费对现有资源与环境要素有保护的一面，又有损耗的一面。旅游消费的持续性取决于旅游产业的可持续性，反过来又影响旅游产业和经济发展的可持续性，要使旅游消费得到长远满足，就必须保持经济社会及旅游业发展的可持续性。这本身就是可持续发展的题中之意。我们必须用可持续发展的目标规范旅游消费行为。满足人类消费长远需求是可持续发展的最终目的。

二、普及知识原则

先进的文化知识是人类创造物质财富和精神财富的结晶，是人类文明进步的升华，是文化的本质和核心，是人类社会发展的灵魂。经济文化一体化是当代社会发展的大趋势。因此，必须用先进的旅游文化来引导社会经济的发展，引导消费者的消费观念和行为方式。消费是经济文化一体化的重要结合点，只有用先进的旅游文化来引导人们对旅游产品的消费，即形成正确的消费观念，带来经济效益的增加，更好地发挥我国现有资源的价值，对旅游文化知识进行普及，提高旅游消费中高层次精神文化的含量，弘扬精神文化，发扬精神文明，才能使旅游消费为旅游业的发展开创新辉煌。

三、顺应旅游消费发展趋势原则

随着社会经济、文化的发展，人们的消费也将不断发生变化，并出现新的趋势。有的学者在前几年就提出，当代居民消费发展的趋势是智能化、个性化、世界化。

（1）智能化。当代高科技的发展，特别是信息技术的发展，并不断渗透到广大旅游消费领域。旅游消费智能化是发展的必然趋势，而且已经不断体现在消费领域，各种智能化的旅游消费品和旅游消费服务层出不穷。这就要求必须加速发展科学技术、文化产业。

（2）个性化。发展人的个性，发挥个人爱好和专长，有利于发挥人的才能，体现人的本质要求，随着市场经济的发展、旅游消费品的丰富多彩，消费者可以根据自己的喜好进行消费。此外，人们的闲暇时间不断增加，人们通过闲暇消费追求自己的爱好，发展自己的个性，塑造独特的自己。现在旅游景点层出不穷，各种翻新的人工景点无处不在，近年来，人们的闲暇时间的增多，人们消费水平的提高，旅游次数的提高，这些是旅游消费发展的必然趋势，也符合整体消费发展。

（3）世界化。世界化要求我们根据当代局势的发展正确引导消费者，不断提高消费层次，不断控制和引导使人们的精神得到满足。

第三节　调控和引导旅游消费的具体途径和方法

调控和引导旅游消费，需要运用经济手段和法律手段，并相互配合，促进旅游消费合理化。

一、运用经济手段进行调控和引导

（一）计划手段

计划手段主要指国家对旅游消费者消费的宏观调控与指导。我国是社会主义国家，实行有计划的商品经济，对国民经济重大比例计划管理，国家和各级政府依据社会主义基本经济规律的客观要求和一定时期内国家总的消费目标，针对那些关系到国计民生的重要项目，制订出长期和中期计划，以指令性或指导性计划的形式下达给各有关部门或企事业单位，调节生产与需要之间的矛盾。从宏观上对消费进行调控与引导，将每个消费者的消费行为纳入正确的轨道。

（二）价格手段

旅游消费者的消费需求，要通过在市场旅游产品来实现。没有支付能力，就不可能形成真正的需求，也不可能产生旅游消费行为。一定的支付能力形成一定的旅游消费行为和结构，在旅游消费者的收入水平不变的条件下，旅游产品价格的高低将直接影响到旅游消费者的支付能力，对旅游消费者的消费结构和消费方式影响很大，甚至可以调整旅游消费者的消费习惯。一般来讲，当某种旅游产品价格上升到一定程度时，会限制消费者对此类消费品的消费；反之，当某种旅游产品价格下降到一定程度时，会刺激消费者对此类消费品的消费。例如某些景点门票上涨，那么会造成旅游人员减少，或者交通的便利、住宿条件、旅游相关花销等都在消费者考虑范围之内。

（三）税收手段

税收是制定旅游产品价格的重要因素之一，也是国家调节消费者之间收入、重新分配的重要手段。所以，税收对于消费有重要作用，可以从三个方面对旅游消费进行调控与引导。① 在生产方面，在生产领域通过调整税收政策，如适当调整旅游产品税税率，可以鼓励或限制某政府或企业部门或旅游类消费品生产的发展，使产业结构或产品结构得到调整，与消费结构相适应，从而达到引导消费的目的。例如，国家对开发新旅游产品可以采取免税政策，使旅游产品价格相对较低，门票价格相对稳定，旅游更具吸引力，易于为消费者接受。② 对某种旅游消费行为进行鼓励或限制。对某些过高的消费行为进行限制，从而达到调控和引导消费的目的。

（四）消费信贷手段

消费信贷在我国刚刚兴起，尚不普遍。但是，从发展的趋势看，它将逐步为广大消费者所接受，将发挥出越来越大的作用。消费信贷的持点之一，就在于它可以使消费者克服时间的限制，在短期内形成消费购买能力，从而满足消费者的消费需求。在西方发达国家，消费借贷消费已成为一种普通的消费。

（五）可持续发展手段

从某种意义上，由于消费者的消费在不断发生变化，因此我们要求对旅游资源采取的动态开采变为静态利用，杜绝大量消耗资源，降低资源消耗的旅游资源开采的方法，解决好旅游产品开发对资源消耗之间的关系，尽量降低资源消耗。实践证明，自然资源不为旅游充分利用，就会导致破坏性的人类生存方式去开发。除此之外，要改变以绝对消耗方式开发旅游资源，特别是当前环境资源的状况，大力发展旅游业去发掘静态资源的价值，促进资源的生态价转化为经济商品价，如实行天然林保护、实行采育结合等。资源闲置或开发不足同样造成资源浪费，会使单位资源产出效益偏低，人类为维持生计就要扩大资源开发和索取范围的情况，应该保持资源原有品质和生物多样性的同时，使单位资源发挥出最大利用效益，避免维持人类眼前生存和生计造成大面积资源开发和过度开发。

二、政策调控和引导消费

为了使旅游消费有计划地正常发展，国家行政部门、经济机关适当制定并实施正确的消费政策。各级地方政府及相关行政部门，要根据国家在一定时期内制定的旅游消费政策，采取相应的措施，努力整好旅游消费与收入的比例关系，要有意识、有目的地鼓励或限制某种旅游消费，以调控和引导人们的旅游消费向正确方向发展。例如，当前我国旅游消费市场发育不足，我们就应该对旅游消费行业采取优惠政策，扶持、鼓励旅游消费，吸引旅游消费者进行旅游消费。

自2013年春开始党中央号召的“两反”政策对旅游业产生了很大的影响。中央新政策的出台，对于旅游及相关企业，尤其是高端市场企业影响很大。“我们都知道‘两反’的问题，一是反浪费，一是反贪污，这个问题直接导致长期以来支撑高端市场的企业出现了‘倒春寒’，这是以前没有的。”，中国旅游发展过程中“两高一低”现象已存在很多年，入境旅游政策的问题需要引起重视及反思。张广瑞同志表示，“‘一低’现象常说是由于世界形势的变化，但是持续低迷，仅仅从世界经济不景气来解释，是有问题的。同样在这段时间里，我们的邻国，比如韩国、泰国、越南和柬埔寨等等，都处于上升的趋势。到现在为止，我们仍然主要以境外的不景气来解释是不合适的，真正需要我们反思的是入境旅游政策和发展能力的问题。”对于出境旅游和国内旅游，他认为出境旅游基本不受政策影响，国内旅游是自愿增长，只要不限制就会持续下去，反而需要努力的是入境旅游，如果政府没有认识到这个问题的严重性，“一低”现象可能会持续很长时间。

国家旅游局出台新政策，鼓励民间资本投资旅游业，为民间旅游投资创造良好环境。清理对民间旅游投资的歧视性法规政策规定，清理和修改不利于旅游业向民间资本全方位开放的法规政策规定；整合简化涉及民间旅游投资管理的行政审批事项，清理限制跨区域旅游经营的地方保护壁垒，维护平等竞争的投资和经营环境。制订有关旅游业发展的法规政策规定和规划，要充分听取并吸纳民营旅游企业的合理意见。

为民间旅游投资提供基础设施和公共资金保障。各级旅游部门要协调有关部门加大对旅游基础设施建设的投入，加大对旅游宣传推广、人才培训、公共服务的支持力度。开展旅游促销活动要为民营企业提供相应便利，帮助其拓展客源市场。安排国家旅游发展基金、中央财政促进服务业发展专项资金、扶持中小企业发展专项资金、外贸发展基金以及节能减排专项资金时，要对符合条件的民营旅游企业同等对待。支持民营旅游企业的产品和服务进入政府采购目录。

加大对民间旅游投资的金融支持力度。对符合信贷原则的民营旅游企业和民间投资旅游项目，要加大多种形式的融资授信支持，合理确定贷款期限和贷款利率。符合条件的民营旅游企业可享受中小企业贷款优惠政策。对有资源优势和市场潜力但暂时经营困难的企业，金融机构要按规定积极给予信贷支持。进一步完善旅游企业融资担保等信用体系，加大各类信用担保机构对旅游企业和旅游项目的担保力度。拓宽民营旅游企业融资渠道，金融机构对商业性开发景区可以开办依托景区经营权和门票收入等质押贷款业务。鼓励中小旅游企业和乡村旅游经营户以互助联保方式实现小额融资。支持符合条件的旅游企业发行短期融资券、企业债券和中期票据，积极鼓励符合条件的旅游企业上市融资。

加大对民间旅游投资的用地保障力度。积极协调有关部门，加大对民间旅游投资的土地保障力度，在制定、实施土地利用总体规划和年度计划时，要统筹考虑旅游项目用地需求，合理安排用地指标。支持民间资本依照有关法律法规，利用荒地、荒坡、荒滩、垃圾场、废弃矿山、边远海岛和可以开发利用的石漠化土地等开发旅游项目。

为民营旅游企业提供人才保障。充分发挥旅游人才开发示范工程的带动作用，搭建旅游院校与民营企业人才培养良性互动的桥梁和纽带。坚持自主培养和人才引进相结合，着力培养一批知名的民营企业家、职业经理人和专业技术能手。鼓励在民营旅游企业实施《旅游企业职业经理人标准》，推进旅游企业经理人资格认证工作。发挥各类人才市场的作用，为旅游人才合理流动创造条件。

（二）充分利用宣传舆论工具调控和引导消费

宣传舆论、新闻媒介是引导消费的重要手段，消费者的消费需求、消费欲望等，除了自身生理需求和经济条件制约外，还受外界舆论的影响。从表面看，消费是按照自己的意愿选择一定的消费内容。但实际上，消费者的选择在很大程度上受到舆论宣传、新闻媒介的影响。随着现代科学技术的发展和人民生活水平的提高，各种宣传媒介与每个人的接触越来越密切，舆论宣传对消费者的影响越来越大。因此，有效地利用广捞、电视、报纸、杂志及其他宣传方式，对消费者进行宣传引导，向消费者普及产品知识，帮助消费者了解新产品、新牌号的性能、规格、使用和保养方法，可以使广大消费者更新观念，科学、合理地安排自己的消费内容，提高消费水平，使人们的消费和时代潮流相吻合，和社会主义生产目的相吻合。利用法律手段调控和引导消费，法律是带有强制性的行为准则，它是调控、引导消费必不可少的手段。通过旅游消费立法，明确规定消费者在消费过程中的各项权利义务和职责；指出什么样的消费活动是合法的，将受到法律保护；指出什么样的消费活动是非法的，不可以进行，违者将受到法律制裁要利用法律手段来维护消费者的合法权益，维持社会主义经济秩序，保护消费者进行健康、文明、科学的消费活动。对不符合让会主义道德规范、危害社会主义经济秩序、妨害他人的消费活动，也可以通过法律制裁。

第四节　加强对旅游消费者行为的引导

随着旅游业买方市场的形成，旅游业要想寻求良性的发展，有必要充分了解旅游者的消费行为，并在此基础上制定一些合理且有利于旅游消费的引导策略，既能让整个旅游消费体系日趋完善，又能使旅游者更加满意消费。

一、政府的引导

（一）加强目的地形象建设

对旅游地的环境感知是旅游者旅行决策的重要因素。宣传促销不是提高目的地竞争力的根本，最终还是要依靠目的地整体产品与环境的改善，做到感知形象与实际形象相符。各级政府应发挥主导作用，解决好旅游基础设施的瓶颈问题，尤其是改善交通状况，使旅游消费潜力得到充分发挥。

（二）制定合理的旅游产品价格体系

价格是游客考虑的主要因素之一，它对旅游者的消费数量和结构影响较大。对旅游者来说，旅游消费有一个承受限度，一旦超出就会把旅游产品的消费转向其他替代品的消费，使旅游消费数量减少，消费行为偏向度低；反之，则会把其他产品消费转向旅游产品消费。因此，在旅游消费各环节中价格制定必须合理，这样才能扩大旅游者队伍，获得更多的经济效益。

（三）健全旅游法规，规范旅游企业经济行为

旅游立法相对于旅游业实际发展而言，具有一定的滞后性。在旅程中违反合同，改变住宿酒店星级、降低用餐标准、随意延误更改行程、擅自增减项目等问题，会严重影响旅游者的消费热情。当前我国国内旅游市场经营秩序较为混乱，假日旅游中不规范现象尤其突出。健全旅游法规，逐步规范旅游企业经营行为，创造和维护良好的旅游环境都是迫切需要的。

（四）加强旅游消费引导

旅游消费行为实际上属于感性消费，其购买欲望在一定程度上取决于旅游产品的诱导性；旅游消费习惯的形成不是一朝一夕的，政府应进一步强化消费引导，在认识消费者行为、满足消费者需要的前提下，围绕旅游形象来设计产品，在形象性产品开拓市场的基础上，以操作性产品跟进市场，才能对旅游业的持续发展做出更大贡献。

引导旅游者的潜在需求，除了在市场上提供更多的旅游产品供旅游者选择外，还要当好旅游者消费决策的参谋，向旅游者提供必要的知识和信息，帮助旅游者形成对产品和服务的合理评价和预期，提高旅游者满意度，使企业扩大销售。

二、旅游企业的引导

（一）信念引导策略

人们几乎对所有事物都持有态度，这种态度不是与生俱来的，而是后天习得的。态度总是涉及价值判断，具有情感色彩。消费者信念指消费者持有的关于事物的属性及其利益的知识。不同消费者对同一事物可能拥有

不同的信念，而这种信念又会影响消费者的态度。信念引导主要是改变消费者的价值观，让消费者认同产品或服务的价值。一般来说，品牌在与消费者的关系中可以扮演五种重要角色：品质、地位、奖赏、自我表达和感受。

当你在改变人们的习惯的同时，也在为自己创造一个市场，而这个市场最初往往是你所独立拥有的，别人暂时还未意识到，也就难以进入你所创造的市场与你竞争。但企业通过市场引导的产品或服务必须能够给予人们生活的便利和益处，简言之，能够提高人们的生活质量，只有这样才能被消费者所接受。

（二）学习引导策略

我们将消费者学习定义为个体获得与购买或与消费相关的经验和知识，并把这些经验和知识运用于未来相关行为的过程。学习既需要对未来的思考，也需要对过去的思考。消费者很多时候仅仅应用已经“足够好”的学习规则来作出决策和采取行动。比如，为了验证转基因食品是否安全，一些美国消费者会使用他们所知道的关于食品安全的不正确规则，如需要彻底烹调或正确洗菜。这些规则又是从深深镶嵌在其大脑中和在长期的文化环境中了解的关于产品的观点和转变自然的能力中获得的。

（三）情境引导策略

情境是既不同于刺激物特性，又不同于个体特性的短暂的环境因素，它对消费者行为具有重要影响。构成情境的因素主要有物质环境、社会环境、时间、任务和先行状态。要了解消费者行为为什么受情境因素的影响，营销者需要弄清楚消费者如何看待各种产品特征的相对重要性，以及消费者关于产品绩效的信念是如何随情境的变化而改变的。这是一种商业的另类思维方式。这种策略通过发现产品的互补性，想办法把市场做大，而不是与竞争者争夺现有市场。与消费者行为相联系，其实是企业通过改变消费者情境来影响消费者的购物行为。

（四）文化引导策略

文化引导指利用产品品牌文化内涵或社会文化内涵进行消费引导。文化的作用往往是不可估量的，虽然它有时并不是立竿见影。文化不是静止不变，而是不断变化的。尽管文化变化通常十分缓慢，然而文化确实会随着环境的变化而变化。当一个社会或群体面临新的问题和机会时，人们的价值观念、行为方式、生活习惯、兴趣等就可能发生适应性改变，形成新的文化。

三、旅游消费者自身的引导

（一）树立正确的消费观，理智对待自己的消费行为

目前旅游者存在一些不利于理性消费的心理，包括从众心理、贪图便宜心理、夸富心理等。这些旅游消费中的不良心理直接导致旅游者的非理性消费行为。旅游者应树立正确的消费观，理性对待自己的消费行为，尽力避免一些不成熟的消费行为。

（二）积极主动了解旅游信息，做明智的旅游消费者

对目的地信息的缺位，往往造成旅游消费者预期效用与实际效用的不一致。旅游消费者除了被动地接受旅游信息以外，还应成为学习型消费者，主动了解有关目的地的信息、旅游地的风土人情以及旅游企业的操作规范，预先合理安排旅游计划，形成良好的旅游消费习惯，熟悉旅游相关法规，保护自身合法权益。

【思考题】

一、名词解释

1. 旅游消费
2. 供求平衡
3. 释放效应
4. 市场化
5. 调控
6. 计划手段
7. 可持续
8. 旅游资源
9. 交通手段

二、简述题

1. 简述调控旅游消费的重要性。
2. 简述旅游消费引导的重要性。
3. 简述调控与引导旅游消费的基本原则。
4. 简述调控与引导的计划手段。

三、案例分析

阅读下文后并思考：调控、引导对旅游经济发展的推动作用有哪些，它们对我国旅游业的发展有哪些启示。

广丰农家乐带旺旅游业

坐落于国家森林公园铜钹山风景区内的广丰县猴狲潭村，虽然只有12户人家，但已有5家办起了农家乐，且营业收入不断攀升。

近年来，随着旅游产业和休闲经济的发展，广丰已发展农家乐2 900家，从业人数逾万，年创产值逾3.6亿元。为了将丰富的旅游资源转化成富民产业，该县大力发展农家乐乡村旅游，通过规划引导、政策扶持、典型示范等举措，推动农家乐旅游健康快速发展，涌现出猴狲潭、小丰、南山、嵩峰等一批特色鲜亮、诚信经营、优质服务的农家乐休闲旅游村点。同时，结合新农村建设，深入挖掘民间传统民俗、工艺及其美食资源，着力开发集观光、采摘、垂钓及其农事体验为一体的农家乐旅游项目。为了助推农家乐升级发展，该县对农家乐经营者及其从业人员进行培训，并对全县农家乐实行星级评定。日前，全县已有7家农家乐获星级评定。

资料来源:《广丰农家乐带旺旅游业》,《江西日报》(南昌),2013－11－18。

【本章推荐阅读书目】

[1] 田孝蓉. 旅游经济学 [M]. 郑州: 郑州大学出版社, 2011.

[2] 徐虹. 旅游经济学 [M]. 北京: 北京首都经济贸易大学出版社, 2008.

【本章主要参考文献】

[1] 姜彩芬, 余家扬, 符莎莉. 消费经济学 [M]. 北京: 中国经济出版社, 2009.

[2] 文启湘. 消费经济学 [M]. 西安: 西安交通大学出版社, 2005.

[3] 陈扬. 论旅游消费者合法权益的保护 [J]. 法制与社会, 2012 (11): 103－105.

[4] 何仲新. 旅游业消费者权益的法律保护问题初探 [J] 黑龙江省政法管理干部学院学报, 2012 (1): 92－94.

[5] 李兵. 加强我国居民旅游消费教育的对策 [J]. 韶关学院学报, 2006 (10): 111－114.